A ESCÓRIA DO MUNDO

FIGURAS DO PÁRIA

FUNDAÇÃO EDITORA DA UNESP

Presidente do Conselho Curador
Mário Sérgio Vasconcelos

Diretor-Presidente
José Castilho Marques Neto

Editor-Executivo
Jézio Hernani Bomfim Gutierre

Superintendente Administrativo e Financeiro
William de Souza Agostinho

Assessores Editoriais
João Luís Ceccantini
Maria Candida Soares Del Masso

Conselho Editorial Acadêmico
Áureo Busetto
Carlos Magno Castelo Branco Fortaleza
Elisabete Maniglia
Henrique Nunes de Oliveira
João Francisco Galera Monico
José Leonardo do Nascimento
Lourenço Chacon Jurado Filho
Maria de Lourdes Ortiz Gandini Baldan
Paula da Cruz Landim
Rogério Rosenfeld

Editores-Assistentes
Anderson Nobara
Jorge Pereira Filho
Leandro Rodrigues

ELENI VARIKAS

A ESCÓRIA DO MUNDO

FIGURAS DO PÁRIA

Tradução
Nair Fonseca
João Alexandre Peschanski

© 2007 Éditions Stock
© 2014 Editora Unesp

Título original: *Les Rebuts du monde: figures du paria*

Fundação Editora da UNESP (FEU)

Praça da Sé, 108
01001-900 – São Paulo – SP
Tel.: (0xx11) 3242-7171
Fax: (0xx11) 3242-7172
www.editoraunesp.com.br
www.livrariaunesp.com.br
feu@editora.unesp.br

CIP – Brasil. Catalogação na publicação
Sindicato Nacional dos Editores de Livros, RJ

V43e

Varikas, Eleni
  A escória do mundo: figuras do pária / Eleni Varikas; tradução Nair Fonseca, João Alexandre Peschanski. – 1. ed. – São Paulo: Editora Unesp, 2014.

  Tradução de: Les rebuts du monde: figures du paria
  ISBN 978-85-393-0527-8

  1. Ciências sociais. 2. Ciência política. I. Título.

14-11901
CDD: 320
CDU: 32

Editora afiliada:

Asociación de Editoriales Universitarias de América Latina y el Caribe

Associação Brasileira de Editoras Universitárias

Ao Michael

SUMÁRIO

Uma negra pode ser poeta?
A cor da humanidade   1

Genealogias e
peregrinações do pária   7
O que é um pária?   69
Antinomias do universalismo   95
Os últimos serão os primeiros?   133
Tesouros de uma tradição oculta   153

Referências bibliográficas   159
Índice onomástico   175

Uma negra pode ser poeta? A cor da humanidade

Should you, my lord, while you peruse my song,
Wonder from whence my love of Freedom sprung,
Whence flow the wishes for the common good,
By feeling hearts alone best understood,

I, young in life, by seeming cruel fate
Was snatch'd from Afric's fancy'd happy seat:
What pangs excruciating must molest,
What sorrows labour in my parents' breast?

Steel'd was that soul, and by no misery mov'd,
That from a father seiz'd his babe belov'd:
Such, such my case. And can I then but pray
Others may never feel tyrannic sway?[1]

Phillis Wheatley

---

1 Apud Grégoire, *De la littérature des nègres ou Recherches sur leurs facultés intellectuelles, leurs qualités morales et leur littérature*. [Trad.: "Se, Milorde, ao ler meus versos/ Se indagar com surpresa sobre a origem de meu amor pela Liberdade,/ De onde fluem meus anseios pelo bem comum,/ Apenas compreensível pelos corações sensíveis,/ Eu, ainda jovem, por destino cruel/ Fui arrancada de minha querida África:/ Que dores excruciantes torturaram,/ Que tristezas acometeram o coração de meus pais?/ Petrificada a alma, intocada pela

2 ELENI VARIKAS

Em 11 de julho de 1761, o Phillis, um navio vindo do Senegal e de Serra Leoa, chegou a Boston carregado de escravos. Entre eles, estava uma menina magra e frágil, com 7 ou 8 anos, acreditava-se, pelo dente que lhe faltava. Informada pelo *Boston Evening Post*, a esposa de um rico negociante, a senhora Susanna Wheatley, foi ao porto à procura de uma doméstica e comprou a menina, por quase nada segundo uma correspondência familiar, pouco menos de 10 dólares, como registrou um biógrafo. A criança estava nua, envolta em trapos sujos. Nunca se soube como se chamava. A patroa lhe deu o nome Phillis (tal qual o navio negreiro) e o sobrenome Wheatley (o dos patrões).

Em outubro de 1772, uma jovem negra, chamada Phillis Wheatley, entrava no tribunal, na prefeitura ou em algum outro edifício público de Boston – as informações a esse respeito são vagas – para passar por um exame oral insólito. Um areópago de dezoito juízes, escolhidos entre os membros mais eminentes e mais cultos da sociedade bostoniana, a "casta" a que se chamou um século mais tarde "brâmanes bostonianos", preparava-se para interrogá-la a fim de decidir se ela seria, de fato, a autora de uma coletânea de poemas que alegava ter escrito. Entre eles, estavam Thomas Hutchinson, governador do Massachusetts, Andrew Oliver, governador da colônia, o reverendo Mather Byles, poeta e satirista, o reverendo Samuel Cooper, poeta, e James Bowdoin, um dos principais representantes do Iluminismo norte-americano. Todos eram antigos alunos de Harvard e, na maioria, proprietários ou mesmo comerciantes de escravos.

Na casa de seus senhores, Phillis aprendeu inglês muito rapidamente. Um ano e meio após sua chegada, lia e comentava as passagens mais difíceis da Bíblia. Com 12 anos, tinha escrito seu primeiro poema e, com 14, já havia publicado um deles. Uma de suas elegias rodara a América e até fora publicada na Inglaterra.

---

piedade,/ Daquele que subtrai de um pai sua criança amada:/ É este, é este meu caso. E o que posso fazer senão rezar/ Que outros nunca sejam submetidos a esse domínio tirânico?". – N. T.]

A ESCÓRIA DO MUNDO   3

Encantada com tamanho sucesso, sua senhora tentou publicar uma coletânea por subscrição, mas não encontrou compradores suficientes, muito poucos bostonianos estavam dispostos a acreditar que uma escrava negra pudesse ter a necessária inteligência, imaginação e talento para escrever poesia. Thomas Jefferson, que, a exemplo de Hume, Kant e Hegel, tinha defendido teorias racistas, achava impossível que ela fosse a autora, não por ser escrava – pois na Antiguidade havia poetas escravos –, mas por ser negra. Em suas *Notes on the State of Virginia* [Notas sobre o Estado da Virginia] (1787), escritas em resposta às cartas do marquês de Marbois, o qual elogiava os poemas de Wheatley, Jefferson insiste e afirma que "as composições publicadas no nome dela" não são dignas de crítica.[2]

Henry Louis Gates Jr., que dedicou um livro a essa história, imagina a entrada nos salões dessa jovem escrava de 19 anos, franzina e tímida. Carregava em seus ombros a responsabilidade de "provar" diante dos mais eminentes representantes da cultura – e dos europeus que acompanhavam o caso com interesse acalorado – a racionalidade dos negros e sua capacidade de aceder à escrita literária. Na realidade, o que estava em jogo nessa audiência não era a autenticação de um manuscrito, mas a autenticação da humanidade plena de todo o povo negro e, por isso mesmo, a legitimidade da abolição da escravidão. Porque, como disse Robert Nickol em 1788, nunca se ouviu falar de um orangotango que tivesse composto uma ode.[3]

O atestado do júri confirmou "ao mundo" que os poemas haviam sido de fato escritos por "uma negra", que, pouco tempo antes, ainda era uma "bárbara sem cultura" vinda da África. Wheatley tornou-se, assim, a primeira pessoa de origem africana a publicar um livro, e a primeira poetisa negra norte-americana.[4] Sua coletânea saiu antes

---

2 Gates Jr., *The Trials of Phillis Wheatley: America's First Black Poet and Her Encounters with the Founding Fathers*, p.44.
3 Id., "Mister Jefferson and The Trials of Phillis Wheatley". 31st Jefferson Lecture in the Humanities at Ronald Reagan International Trade Center, 22 mar. 2002.
4 Wheatley, *Poems on Various Subjects Religious and Moral (negro servant to Mr. John Wheatley, of Boston, in New England).*

4 ELENI VARIKAS

na Inglaterra, onde um público abolicionista, menos incrédulo do que o público bostoniano, a acolheu com entusiasmo. Críticas elogiosas que, a bem da verdade, insistiam mais sobre a humanidade comprovada da autora do que sobre seu talento literário deram-lhe, no entanto, renome internacional. Voltaire ficou impressionado com seus poemas e admirou-se que uma negra pudesse ser a autora. George Washington e Benjamin Franklin quiseram encontrá-la, enfim, os círculos metodistas radicais e abolicionistas abriram-lhe as portas em Londres. Tingida de melancolia, sua poesia evoca as circunstâncias e a modalidade de sua extraordinária transformação de "africana em americana"; celebra a independência dos Estados Unidos, fustiga a tirania inglesa e contém alusões antiescravagistas. Durante todo esse período, apesar de sua notoriedade, Wheatley continuou escrava. Só foi emancipada depois da morte de sua senhora. Após um casamento malsucedido e a morte de seus três filhos, ela faleceu em 1787, sozinha e na mais extrema pobreza.

Sua morte, no entanto, não encerrou os debates e os descréditos. A recepção de sua obra continuou objeto de rituais de autenticação. Mas esses rituais, agora, visavam a sua pureza cultural e racial. De Marcus Garvey ao Black Power de 1960, a crítica, com efeito, inverteu os critérios de Jefferson, conservando a mesma lógica, a de uma leitura feita através do prisma da "raça". Um purismo afrocêntrico negro norte-americano a admoestou por sua posição entre duas culturas, seu sincretismo ao fundir elementos residuais africanos à influência de Pope e de Milton e seu entusiasmo pela independência norte-americana. Tudo isso, considerado "branco demais", revelava os sintomas de um insosso *oncle-tomisme*,[5] de um "espírito branco", de um pensamento "branqueado". Quatro versos extraídos de sua obra e escritos aos 14 anos, nos quais qualifica a África como "minha terra pagã", celebrando ao mesmo tempo sua pele

---

5 Referência ao personagem do romance de Harriet Beecher-Stowe, escrito em 1852, intitulado *Uncle Tom's Cabin* [traduzido para o português por *A cabana do Pai Tomás*]. O termo *uncle tomism* (ou *oncle-tomisme*, em francês) é usado para designar uma postura excessivamente subserviente por parte dos negros em relação aos brancos. (N. E.)

A ESCÓRIA DO MUNDO 5

negra e sua fé cristã, fizeram dela, explica Gates, "uma espécie de pária" póstuma nos círculos políticos e literários negros. São os versos do curto poema "On Being Brought from Africa to America" [Sobre ser trazida da África para a América], difamados e ridicularizados, que circulam na maior parte das antologias, relegando ao esquecimento suas críticas oblíquas[6] e explícitas à escravidão e à inferiorização dos negros, como a relação estreita que ela estabelece entre sua experiência de terror, sua paixão pela liberdade e sua defesa do "bem comum".

O destino de Wheatley dificilmente se inscreve nos relatos que estruturam nossa visão da modernidade ocidental. Não se sabe qual história nacional, universal, literária, política poderia integrar a experiência dessa mulher-escritora-negra desenraizada, escrava doméstica, que encontra na escrita e na poesia uma nova pátria. Como restituir ao mesmo tempo a singularidade e o caráter paradigmático dessa experiência, sem reduzi-la a um espécime dessa nova espécie que são "os negros que podem escrever literatura"? Em que termos e em quais categorias de análise restituir a exaltação da jovem ao descobrir o abolicionismo inglês e a marca durável que deixou sua imersão no espaço público crítico que estava em plena ascensão na Inglaterra do fim do século XVIII? Como apreender, em um só movimento, o terror inefável de seu encontro com a modernidade e seu esforço para se projetar nela, por meio da religião e da literatura? Enfim, que relato das Luzes poderia dar conta dos feitos dessa criança "prodígio", sem ocultar a violenta desumanização que marcou sua elevação ao patamar de humanidade pensante?

A dificuldade e o desafio consistem em pensar simultaneamente a diversidade do grupo excluído da humanidade por uma construção hierárquica e a singularidade do indivíduo que obviamente não entra na definição do grupo que se lhe atribui. Se a provação de Wheatley e o atestado que ela obteve a remetem a uma categoria cuja humanidade é de início suspeita, até negada, seu posicionamento entre dois

---

6 Wilcox, The Body into Print: Marketing Phillis Wheatley, *American Literature*, v.71, n.1.

6 ELENI VARIKAS

mundos e as estratégias que empregou para tornar-se sujeito fazem dela uma híbrida, desviante da norma, "anormal" em suma, e isso em várias dimensões, sendo escrava e letrada, intelectual e negra, mulher e escritora, "bárbara" africana compartilhando a cultura norte-americana. Phillis Wheatley faz parte da longa coorte de párias de ontem e de hoje que vamos encontrar ao longo deste livro. Banidos, rejeitados, surgem no exato momento em que o Ocidente proclama uma emancipação que, no entanto, não vale para todos. Por meio dos destinos extraordinários dessa "escória do mundo"[7] revela-se o destino imposto a toda uma população. Mas também as contradições de nossa modernidade política e a exigência sempre atual dos párias rebeldes, que se obstinam em reivindicar a admissão na categoria de humanidade de cada indivíduo particular.

---

7 Em francês, "*rebuts du monde*", título original deste livro. O substantivo "*rebut*" e o verbo "*rebuter*", cuja origem etimológica remonta à França medieval, remetem a algo (ou alguém) que gera repugnância, que se desdenha e rejeita. Na revista *Estudos Avançados*, v.24, n.69, 2010, o termo "*rebuts*" foi traduzido por "refugos", o que dá a noção daquilo que está apartado, se tornou resto. Optou-se aqui por "escória", por combinar a ideia daqueles que são mantidos à margem, mas também desvalorizados. A opção de tradução recebeu o aval da autora. (N. T.)

GENEALOGIAS E
PEREGRINAÇÕES DO PÁRIA

"Desconhecida por todos os nativos", uma palavra exótica nos navios dos *conquistadores*[1]

A entrada do pária na cultura e no vocabulário políticos ocidentais é entremeada de paradoxos e ironias. A primeira, e não a menor, diz respeito à própria palavra, que, apesar de originária da Índia, é desconhecida nesse país. O glossário *Hobson-Jobson*, fonte de autoridade no vocabulário anglo-indiano, informa-nos que, pelo menos em sua acepção ocidental, a palavra era "desconhecida por todos os nativos, exceto os que a aprenderam conosco".[2] Produto do uso metonímico do termo *parayer* (plural *parayan*),[3] tocador de tambor, criada pelos europeus, essa palavra nunca pertenceu ao vocabulário dos indianos. Seu uso metafórico é entendido, ainda hoje, como um insulto colonialista, que se apropria da visão bramânica da

---

1 Em português e em itálico, no original. (N. E.)

2 Yule, *Hobson-Jobson*, p.678.

3 *Parayan* (*Petit Robert*), *parayar*, pl. *parayan* (*Oxford*) ou *palayan*, *parayer*, *periyer*, conforme a procedência linguística dos europeus que o transcreveram, significa "tocador de tambor", grupo considerado impuro.

8 ELENI VARIKAS

intocabilidade.[4] O *Dictionary of Indian English on-line* [Dicionário de inglês indiano on-line] emite uma advertência automática, alertando sobre o sentido ofensivo da palavra,[5] que foi suprimida ou abrandada nas edições recentes dos grandes dicionários britânicos. As acepções pejorativas ou infamantes continuam, no entanto, presentes no uso da palavra em inglês (*pariah*), cujo sentido usual, "bandido", "canalha", (cachorro) "sem dono" ou "errante"[6] prevaleceu amplamente sobre as significações críticas, que designam a exclusão, a desigualdade e a injustiça – significações dominantes na França, Alemanha, Estados Unidos e em outros países do mundo ocidental. Não que esses países estejam isentos de colonialismo. O pária e as modalidades de seu aparecimento no vocabulário ocidental fazem, pelo contrário, parte do saber colonial que acompanha a conquista. As incompreensões e as confusões de que é produto são sintomáticas dos métodos pelos quais os europeus, primeiro os portugueses, depois os holandeses, franceses e ingleses, desenvolveram o conhecimento das populações "descobertas", de sua civilização e organização social. Remontando aos *conquistadores* portugueses, aos quais se devem também as primeiras denominações modernas do Outro africano,[7] a ocorrência mais antiga que encontrei, *pareas*, é datada de 1516 e pertence a Duarte Barbosa, navegador e militar que serviu o rei de Portugal na Índia de 1500 a 1517: "há outra lei de gente mais baixa

---

4 Chamados de *Harijans* (filhos de Deus), eufemismo usado por Mahatma Gandhi, os intocáveis são hoje oficialmente conhecidos e (auto)designados por *dalits*, que significa "povos massacrados ou oprimidos".

5 A mensagem *"Do not use this word. It is politically incorrect"* ["Não use essa palavra. É politicamente incorreta"] aparece na tela antes que seja exibido o verbete *"Pariah*: n. [Tamil] *outcast. Use of this term is offensive to people belonging to"* [Marginalizado. O uso desse termo é ofensivo] (*Dictionary of Indian English*, s.d.).

6 A expressão *"pariah dog"* designa "cão errante ou sem dono". Iraque, Cuba e Líbia são chamados pela mídia inglesa de *"pariah States"* e Slobodan Milosevic, *"international pariah"*. Inversamente, a palavra *Pundit*, que designava tradicionalmente os brâmanes, é utilizada como sinônimo de pesquisador ou *expert*.

7 Boisvert, La dénomination de l'Autre africain au XVe siècle dans les récits des découvertes portugaises, *L'Homme*, n.153.

A ESCÓRIA DO MUNDO **9**

e cível a que chamam *pareas*[8] [...] não conversam com ninguém, nem ninguém com eles, hão-nos por piores que diabos e danados, porque somente de os verem se hão por sujos e excomungados".[9] A primeira ocorrência inglesa registrada pelos dicionários remonta a 1613, ano em que a Companhia Inglesa das Índias Orientais começa a se instalar na Costa de Coromandel. Confundida com os *"sem casta"* ou intocáveis, a casta dos tocadores de tambor, que compunha um quarto da população de Madras, fornecia igualmente a esmagadora maioria de trabalhadores domésticos a serviço dos europeus no Sudeste Indiano.[10] O fato de estarem em contato e sob a observação dos europeus, mais do que qualquer outra casta na região, sem dúvida, contribuiu para a aplicação do termo a todas as castas inferiores, inclusive os sem casta, e para as conotações negativas que se generalizarão com a consolidação do Império Inglês e o desenvolvimento de seu conhecimento sobre a sociedade indiana. Como as outras informações que constituíram esse conhecimento, as que dizem respeito ao *pária* integravam o chamado *company orientalism*,[11] ou seja, o *corpus* de conhecimento sobre as línguas, as religiões e as histórias da Ásia do Sul, acumulado pelos orientalistas da East Indian Company a partir da segunda metade do século XVIII.[12] A transformação da East Indian Company em potência territorial permitiu o acesso de eruditos e, de modo mais amplo, de europeus à cultura bramânica,[13] fonte não apenas do conhecimento

---

8 O texto original em português está disponível em <http://purl.pt/435>. (N. E.)

9 Barbosa, *The Book of Duarte Barbosa, An Account of the Countries Bordering on the Indian Ocean and their Inhabitants... Completed About the Year 1518*, p.53-8, que é uma fonte preciosa para os primeiros decênios do Império Português na Ásia. Cf. também Castanheda, *Historia del descubrimiento...*

10 Yule, op. cit.

11 Ballantyne, Race and the Webs of Empire, *Journal of Colonialism and Colonial History*, v.2, n.3.

12 Bayly, *Empire and Information. Intelligence Gathering and Social Communication in India.*

13 Marshall, Introduction. In: *The British Discovery of Hinduism in the Eighteenth Century*, p.10-2. A respeito da aproximação entre a administração colonial e

10 ELENI VARIKAS

sobre o hinduísmo e o sistema de castas, mas ainda da percepção europeia sobre as castas inferiores e os *sem casta*. Pierre Sonnerat, cujo livro *Voyages aux Indes Orientales et à la Chine* [Viagens às Índias Orientais e à China] (1782) contribuiu muito para a divulgação do termo, e da "realidade" que ele abarca, no espaço público das Luzes, é um exemplo típico. Enviado pela Academia Real de Ciências para aprimorar o conhecimento sobre os países longínquos, esse naturalista francês alicerça explicitamente sua pesquisa científica não apenas no conhecimento das línguas da Índia, como também no esforço de representar sua "vida real", conforme o ponto de vista dos "brames". Para tornar suas observações mais autênticas, colabora com brâmanes eruditos, que ele envia para realizar pesquisas em todo o país. As gravuras notáveis que ilustram seu livro inspiram-se nas *company paintings*, um tipo de miniaturas feitas por artesãos indianos, sob comando britânico, segundo os gostos e as expectativas orientalistas do público europeu.[14] Em *A choupana indiana*, Bernardin de Saint-Pierre põe em cena, com um humor que preservou sua mordacidade, as condições em que partiam sábios e acadêmicos, como seu personagem, ao encontro dos brâmanes, sob os auspícios da Companhia, que, "para honra da nação e glória da ciência", os dotava de uma equipagem tão soberba e imponente que poderiam ser confundidos com os "comissários da Companhia das Índias".[15] Pouco surpreende que seu "conhecimento" seja impregnado pela visão do mundo bramânico, da qual escapa o herói de Bernardin de Saint-Pierre pelo acaso do encontro com um pária e a amizade que cria com ele.

Militares e eruditos não são os únicos a estampar no pária a visão bramânica das castas subalternas e dos sem casta. Os missionários jesuítas – manancial privilegiado dos filósofos das Luzes[16] – tinham

---

as castas bramânicas, ver também Dirks, *Castes of Mind. Colonialism and the Making of Modern India.*

14 Ly-Tio-Fane, *De l'Inde merveilleuse à Bourbon e Pierre Sonnerat 1748-1814: an Account of His Life and Work.*

15 Saint-Pierre, *La Chaumière indienne*, p.75.

16 Duchet, *Anthropologie et Histoire au siècle des Lumières*, p.76-7.

A ESCÓRIA DO MUNDO   11

tendência a preferir converter os brâmanes em detrimento dos intocáveis, que formavam, no entanto, a maior parte de sua clientela, como haviam formado, antes deles, a clientela do Islã. O opróbrio lançado pelas castas altas à vida dos portugueses que se achegavam às castas inferiores, mas sobretudo o desafio que representava, para o entusiasmo evangelizador, a conversão de hindus considerados como o sumo da espiritualidade, incitava muitos deles a se aproximarem dos brâmanes e adotarem seu modo de vida. Despojando a casta de sua dimensão religiosa, transformavam-na em forma avançada de distinção de classe, semelhante à que existia em suas próprias sociedades e, consequentemente, compatíveis com a evangelização. O abade Dubois que, no entanto, viveu durante várias décadas entre as castas inferiores – "material" de seu estudo etnográfico – considerava que massas desses humildes convertidos não valiam a conversão de um único brâmane.[17] Estava convencido de que, sem os "limites sociais" impostos pelo sistema de castas, "obra-prima da legislação indiana", "uma sociedade de pariahs (sic) independentes se tornaria, em pouco tempo, pior do que as hordas antropofágicas que perambulam nos vastos desertos da África".[18]

Entre os séculos XVI e XVIII, a palavra "pária" e a realidade que ela designa – assim como reconstitui – circulam nos círculos cultos portugueses, ingleses, franceses, alemães, holandeses, escandinavos, ao sabor das deslocações de militares, funcionários imperiais, religiosos, missionários e eruditos. Fala-se de Pareas tendo "a pior reputação" e de Piriawes "odiados [...] verdugos públicos detestados [...], a gente mais vil, fétida e repugnante que já vi" (Purchas); de uma "casta chamada Pareyaes [...] desprezados por todos, a ponto de, se um gentio os toca, ele é obrigado a se purificar na água" (Van de Broecke); de "Parreas, que são a raça mais ignóbil e mais vil", alimentando-se de "camundongos e ratos", numa palavra, um

---

17 Mohan, British and French Ethnographies of India: Dubois and his English Commentators, *French Colonial History*, n.5, p.243. Ver também Dubois, *Moeurs, institutions et cérémonies des peuples de l'Inde* e *Exposé de quelques-uns des principaux articles de la théologie des Brahmes*.
18 Dubois, op. cit., p.30-1. Grifos meus.

12 ELENI VARIKAS

povo "miserável, fétido e vil" (Baldaeus); enfim, de *Barrier* "uma espécie de gente miserável que come toda espécie de carne e outras coisas que os outros julgam impuras" (Phillips).[19]

A casta: despotismo asiático ou europeu?

A palavra "pária", no entanto, só entra no espaço público literário e político europeu no fim do século XVIII. Sua aparição é precedida pela introdução no vocabulário político da palavra "casta".[20] Conhecida na Inglaterra desde 1555 com a ortografia *cast*,[21] a palavra é provavelmente utilizada na França desde o início do século XVII[22] e encontra-se, desde 1740, no *Dictionnaire de l'Académie Française* [Dicionário da Academia Francesa]. Segundo Louis Dumont, esse uso é, durante muito tempo, caracterizado pela indistinção entre "casta" e "tribo" e por uma confusão com a antiga divisão da sociedade indiana em quatro categorias.[23] Até a metade do século XVIII, é utilizado frequentemente na Europa em sentido metafórico, como sinônimo de "condição", "classe" ou "ordem",[24]

---

19 Purchas, *His Pilgrimage*, p.553 e 998-9. Van de Broecke, *Reysen naer Oost Indien*, p.82; Baldaeus, *Naauwkeurige Beschryvinge van Malabar en Choromandel, der zelver aangrenzende Ryken, en att machtige Eyland Ceylon*. Valentijn, *Oud en Nieuw Oost-Indiën vervattende een naaukeurige en uitvoerige verhandelinge van Nederlands mogentheyd in die gewesten*, p.73. Phillips, *An Account of the Religion, Manners, and Learning of the People of Malabar in the East--Indies*, p.127.

20 A palavra *casta* (em português, espanhol e italiano) significa "puro", "não misturado" ou "casto", mas que remete também à linhagem ou à raça, no sentido antigo do termo. Segundo o dicionário da Academia Francesa de 1798, "chamam-se assim as tribos em que estão divididos os idólatras das Índias Orientais. A casta dos Brâmines. A casta dos Baneanes".

21 Dumont, *Homo hierarchicus, le système des castes et ses implications*, p.37.

22 1659: port. *casta* (Século XVI) "caste hindu"; fem. de casto.

23 Ibid.

24 Mandelsio, *Voyages célèbres et remarquables, faits de Perse aux Indes orientales par Mandelsio*. Thévenot, *Troisième partie des voyages de M. de Thévenot*. Dellon, *Nouvelle relation d'un voyage fait aux Indes orientales*.

A ESCÓRIA DO MUNDO 13

sentido que, longe de ser crítico ou pejorativo, remete à hierarquia social entendida como um *continuum*, senão harmonioso, pelo menos natural. Se confiarmos na sabedoria dos dicionários, o sentido crítico de casta como grupo exclusivo, como na expressão "espírito de casta", não é utilizado em inglês antes de 1807.[25] Mas em sua *Défense des droits des hommes* [Defesa dos direitos dos homens], Mary Wollstonecraft faz um uso crítico da palavra já em 1791, quando compara o elogio aos privilégios hereditários, defendidos por Edmund Burke, à logica de casta dos brâmines.[26]

Por outro lado, pela metade do século XVIII, a palavra começa a sofrer uma metamorfose semântica na França. Num contexto em que a legitimidade da dominação absolutista é questionada, a organização social da Índia, ou o que se percebe dela, torna-se objeto (e tropo) de uma reflexão política que trata mais da organização social na França e na Europa do que da hierarquia de castas indianas. Quando Voltaire, ao falar das quatro castas da Índia, afirma que a desigualdade de nível procede da *"desigualdade primitiva de talentos"*,[27] serve-se das castas indianas para defender uma nova sociabilidade, cuja legitimidade não é mais a dos privilégios hereditários, mas a autoridade legítima das elites intelectuais. Da mesma forma, quando o abade Raynal, vinte anos depois, discute a hipótese de que a condição imposta aos párias teria sua origem em algum crime que houvessem cometido, não deixa de observar que essa punição é menos brutal se comparada à sorte que sua própria sociedade reserva àqueles que ela define como criminosos. Enfim, quando, logo após a Revolução, Bernardin de Saint-Pierre se inspira nas viagens de Sonnerat no quadro que compõe do sistema de castas, a narrativa toma a liberdade necessária para fazer da crítica às castas uma crítica à sua própria sociedade: o objetivo, como ele próprio afirma no preâmbulo de *A choupana indiana*, é fustigar a tirania da

---

25 Dumont, op. cit.
26 Wollstonecraft, *The Vindications: the Rights of Men and the Rights of Woman*, p.87.
27 Voltaire, *Essai sur les mœurs*, p.4. Grifos meus.

14 ELENI VARIKAS

Igreja Católica, ou qualquer outra tirania que, fundamentada no erro e no preconceito, sustente o ódio, a escravidão, a perseguição aos judeus e a servidão feudal.[28] A instrumentalização do sistema de castas, aplicada nessas utilizações, nada tem de extraordinária. O discurso do *outro* extraeuropeu é, desde o início e antes de tudo, um discurso sobre *si mesmo*, que ao mesmo tempo hierarquiza, delimita e torna inteligível um *nós* europeu ao distinguir/opô-lo aos *outros*. A descoberta/ invenção do *pária* participa dessa postura intelectual que, mesmo na filosofia radical das Luzes, toma por certo o poder unilateral do *logos* europeu para designar e definir o outro, até mesmo quando se trata de idealizá-lo ou defender seus direitos. A glorificação do "selvagem" não invalida esse pressuposto de superioridade, pois, como observa Michèle Duchet a respeito de Rousseau, "ela só tem a função de denunciar os males de que padecem as sociedades baseadas na desigualdade e preparar, por meio de uma crítica radical, a passagem à sociedade de contrato".[29] Como o selvagem de Rousseau e o ameríndio de Diderot,[30] o pária dos filósofos participa do impensado colonial que limita – pelo menos até o último quarto do século XVIII – o pensamento das Luzes, mesmo quando denuncia a barbárie da colonização e da escravidão. O caso de abade Raynal, que constitui uma das duas fontes mais importantes da metáfora do pária, é sintomático. Publicado em 1770, seu livro *Histoire des deux Indes* [História das duas Índias],[31] primeira história mundial da colonização, partia não de uma crítica da colonização, mas da busca

---

28 Saint-Pierre, Préambule. In: op. cit., p.216.

29 Duchet, op. cit., p.19.

30 Como sublinha Yves Benot, o interesse pelos selvagens era mais um estímulo para o pensamento político, um ferrão que leva a revolver as ideias preconcebidas e admitidas, do que um modelo a ser imitado. O projetor se desloca em função do combate das Luzes, e não do interesse etnográfico ou antropológico. Benot, Les Sauvages d'Amérique du Nord: modèle ou épouvantail?, *Cromohs*, n.10, p.1-12.

31 Raynal, *Histoire philosophique et politique des établissements et du commerce des européens dans les deux Indes*.

A ESCÓRIA DO MUNDO **15**

dos princípios sobre os quais "ela deveria se fundamentar".[32] Numa passagem que, surpreendentemente, lembra Locke e sua visão do mundo "descoberto" como vasta extensão selvagem (*wilderness*), Raynal justifica a colonização e suas virtudes civilizatórias:

> Lá, enfim, que vendo a meus pés essas belas terras, onde florescem as ciências e as artes, e que as trevas da barbárie tanto tempo ocuparam, perguntei-me: quem cavou estes canais? Quem desalagou estas planícies? Quem fundou estas cidades? Quem reuniu, vestiu, civilizou estes povos? E, então, todas as vozes dos homens esclarecidos que estão entre eles responderam-me: é o comércio, é o comércio.

Se fustigava as atrocidades sofridas pelos colonizados, assim como "a condição miserável dos escravos na América", sua preocupação era tornar a colonização mais justa e a condição do escravo mais suportável.[33] Dez anos depois, na terceira edição da obra e com a ajuda de Diderot, é verdade, as palavras mudaram (1780): a crítica ao colonialismo radicaliza-se, os escravos são tratados como sujeitos de sua própria emancipação e falta apenas "um chefe suficientemente corajoso para conduzi-los à vingança e à carnificina".[34]

É no contexto de tamanha radicalização do discurso das Luzes que se inscreve o processo de metaforização que atribuirá à "casta" uma conotação pejorativa. Provoca uma bifurcação duradoura da evolução semântica do pária entre uma perspectiva que se poderia chamar "neobramânica", porque retoma a visão das castas superiores tal como evoluirão no século XIX, e outra que tematiza a crítica ao preconceito e à injustiça. A primeira, herdada da história colonial, fará da casta a essência, por excelência, de uma cultura

---

32 Id., L'Europe a fondé partout des colonies; mais connaît-elle les principes sur lequels on doit les fonder?. In: *Traité des deux Indes*, p.14.

33 Ibid., livro XI, cap.23.

34 Apud Thompson, *Diderot, Roubaud et l'esclavage: Recherches sur Diderot et sur l'Encyclopédie*, n.35, p.88. Também Benot, *Diderot, de l'athéisme à l'anticolonialisme*, que estabeleceu Diderot como o autor desses ajustes.

oriental irremediavelmente hierárquica, imutável e sem equivalência nas civilizações ocidentais. A segunda, originária das Luzes e de sua radicalização, fará da casta o tropo de uma crítica à autoridade arbitrária e à exclusão em si mesmas. Apesar dos chavões orientalistas, esse tropo trabalha sub-repticiamente para lembrar a comparabilidade desse tipo de hierarquia com a dos antigos regimes europeus.

As evoluções divergentes dos usos da palavra, de seu sentido e metaforização desde o fim do século XIX, estão relacionadas aos riscos e às interações de histórias imperiais e metropolitanas diferentes e conflituais. Esboçá-las não significa aderir à tradição comparatista que postula duas "culturas políticas" opostas, uma francesa e outra "anglo-saxônica", e, menos ainda, confortar os fantasmas autocomplacentes da exceção, que prosperam há dois séculos dos dois lados da Mancha. Significa, pelo contrário, evitar esse obstáculo autoexplicativo para tentar compreender, em suas contingências históricas, não a formação de culturas nacionais homogêneas, mas de lógicas políticas que triunfaram na atribuição do sentido dominante de pária ao longo do século XIX e modelaram os usos majoritários e minoritários em cada língua. Proveniente de conflitos sociais e configurações geopolíticas precisas, essas lógicas elucidam, para além das determinações linguísticas, a heterogeneidade dos usos dentro de um mesmo contexto nacional ou de uma mesma língua (por exemplo, no inglês britânico e norte-americano), mas também as ambiguidades, sobreposições e flutuações que tornaram possíveis as múltiplas apropriações dessa noção.

A perda pela França, em 1763, da quase totalidade de seu Império Indiano para a Inglaterra provavelmente favoreceu a associação do pária à crítica do Império Inglês. Nunca se é tão anticolonialista quanto quando se trata das colônias dos outros. Essa rivalidade elucida da mesma forma, ao menos em parte, as sensibilidades e os métodos diferentes de produção dos saberes coloniais. Atrelada às necessidades do Império e à gestão econômica e política, a produção britânica do conhecimento sobre a Índia será mais diretamente utilitária, enquanto a francesa, que

A ESCÓRIA DO MUNDO **17**

dominará ainda assim a indologia até o fim do século XIX, terá um interesse mais filológico e literário.[35] Os "ingleses" usarão a etnografia para afirmar a impermeabilidade da cultura indiana a qualquer mudança e, assim, legitimar sua missão civilizatória numa região em que o "despotismo oriental" e os milhões de esfomeados parecem "impor" o que Kipling chamará, no fim do século XIX, o "fardo do homem branco". Para os "franceses", a Índia é, antes de tudo, terra de uma civilização antiga que alimenta um imaginário rico e frequentemente ambíguo das origens – civilização que uma administração benevolente, por exemplo francesa, teria conseguido restaurar, livrando uma organização sábia e bem pensante das escórias que ali se acumularam com o tempo. A tradução dessa civilização é caracterizada por um espírito "assimilacionista", que tende a marginalizar ou, inversamente, a homologar tudo o que é singular ou estranho/estrangeiro, logo, difícil de comunicar ao público ocidental. Essa abordagem, característica das Luzes,[36] não é exclusivamente francesa. Na Alemanha, dos séculos XVIII e XIX, encontra-se o mesmo fascínio pela literatura e civilização indianas. Fascínio que não impede, aliás, o uso instrumental e eurocêntrico dos empréstimos e referências frequentes à religião e filosofia indianas: esses empréstimos, os exemplos de Goethe e Nietzsche o demonstram, eram mais retóricos do que fundamentados num real conhecimento da literatura e filosofia indianas.[37] Todos esses orientalismos compartilham uma visão redutora da sociedade e das culturas da Índia: têm em comum uma atenção quase exclusiva ao hinduísmo, a focalização na casta em detrimento de outras dimensões históricas da hierarquia (parentesco, *status*, realeza), a tendência de abordar o hinduísmo unicamente do ponto de vista dos brâmanes[38] e, *last but not least*, a falta de interesse, até

---

35 Mohan, op. cit., p.228-9.
36 Figueira, *Translating the Orient: the Reception of Sakuntala in Nineteenth-Century Europe*, p.23-4 e 29-30.
37 Wilhelm, The German Response to Indian Culture, *Journal of the American Oriental Society*, v.81, n.4.
38 Dirks, Castes of Mind, *Representations*, n.37, p.66.

18 ELENI VARIKAS

mesmo o desprezo, pelo Islã indiano. Sua diferença consiste na apreciação da sociedade indiana, que, mesmo captada pelo prisma bramânico, surge para alguns em sua alteridade radical, para outros em sua relativa comparabilidade ou proximidade com as sociedades ocidentais.

São, obviamente, tipos ideais, categorias heurísticas que não levam em conta a complexidade das tomadas de posição, que, além disso, não estão de fato determinadas até o fim do século XVIII. Por exemplo, a tentativa de *sir* William Jones, juiz da Corte Suprema entre 1783 e 1794, de fazer uma compilação das leis indianas baseadas nas *Leis de Manu* presumia uma teoria indo-europeia sobre a afinidade entre o sânscrito, o grego e o latim que pressupunha a possibilidade de comparações interculturais.[39] Mas, nos anos 1790, essas diferenças se tornam cada vez mais acentuadas, sob a influência, por um lado, da radicalização do discurso das Luzes e, por outro, da reação conservadora do poder britânico – metropolitano e colonial – à Revolução Francesa. Temendo a difusão das ideias revolucionárias na Índia, e também as implicações geopolíticas da conquista napoleônica do Egito, a administração colonial cria para suas elites o Fort William College de línguas orientais, no qual uma cultura hindu é recriada para responder às necessidades do Império.[40] As inquietudes sobre os perigos que comportava, para a liberdade da metrópole, a adesão a um "despotismo asiático" nas colônias – inquietudes que Burke havia eloquentemente expresso, pouco antes da explosão da Revolução Francesa[41] – são abandonadas em prol de uma concepção mais absoluta e militarista do Império, que se desenvolverá ao longo do século XIX. Permitirá conciliar o exercício de um poder colonial despótico, pretensamente necessário à gestão dessa população "asiática", e as

---

39 Majeed, James Mill's "The History of British India" and Utilitarianism As a Language of Reform, *Modern Asian Studies*, v.24, n.2, p.210.

40 Ibid., p.210-1.

41 Ver também as posições de Edmund Burke no processo de Hastings. Cf. Marshall (org.), *The Writings and Speeches of Edmund Burke*, v.VII e *India: the Hastings Trial, 1788-1795*.

A ESCÓRIA DO MUNDO   19

liberdades inglesas na metrópole, para fazer dos ingleses um "povo livre, mas conquistador".[42] A produção do saber britânico sobre as leis, os costumes e as tradições da Índia será, assim, reduzida a suas "dimensões governáveis". Rompendo com as abordagens historicistas precedentes – que, apesar de orientalistas, mantinham na memória os conflitos de antes da colonização e os traços de uma evolução histórica do sistema de castas[43] –, o saber colonial se apoiará, a partir de então, numa sociologia empírica positivista, fazendo da casta a essência de uma cultura retrógrada, mas imóvel, radicalmente outra, e fechada a qualquer transformação social.

Esse discurso culturalista (que marca a literatura ocidental sobre a casta até hoje) acompanha e legitima a criação, pela administração britânica, de uma burocracia colonial, em cujo seio os brâmanes adquirem posições privilegiadas, reforçando assim as percepções bramânicas e as conotações depreciativas do pária. Como mostrou Nicholas Dirks em sua notável crítica à construção a-histórica do sistema de castas pela etnografia ocidental, a reorganização colonial da ordem social na Índia não apenas utilizou, mas amplamente reforçou e, de fato, reinventou a "tradição" hinduísta da casta que alegava respeitar. Ao situar a casta no coração de um ordenamento colonial, a administração britânica fabricou, por meio de um conjunto de práticas administrativas, "científicas", jurídicas e policiais, uma nova hierarquia de castas que, desde o início do século XIX, tornou-se o princípio organizador do poder colonial. As classificações estatísticas sobre a base das diferenciações de casta, a aplicação das leis, o recrutamento militar, as categorizações raciais e as classificações biométricas da população conforme as divisões de casta, enfim, a proscrição ou a criminalização de subcastas inteiras, darão, ao longo do século XIX, novo alento e novo respaldo ao poder dos brâmanes, generalizarão sua visão da intocabilidade e reforçarão a conotação infamante da palavra *pária* dentro do Império. Tendo adquirido

---

42 Marshall, *A Free Though Conquering People: Eighteenth-Century Britain and Its Empire*, cujo título se inspira em Edward Said.
43 Dirks, *The Hollow Crown: Ethno-history of an Indian Kingdom.*

20 ELENI VARIKAS

um sentido negativo como símbolo do despotismo oriental, a casta fornecerá, durante todo o século, a justificação racional da política que a (re)formulou.

Do outro lado da Mancha, a mesma conjuntura histórica age num outro sentido. No discurso filosófico das Luzes, o processo de metaforização que fará do pária uma figura da modernidade política ocidental radicaliza-se com rapidez a partir de 1780, adotando uma visão crítica da casta extraída do ponto de vista do... pária. É certo que essa visão é simplificadora em relação à complexidade do sistema de castas, frequentemente caricaturado segundo as necessidades da argumentação antiabsolutista. Mas, ao mesmo tempo, esse processo induz – e estabelece poderosamente – à exigência de um denominador comum de justiça que desminta a alteridade radical e a incomensurabilidade da casta indiana. Por um lado, esse processo introduz, no campo semântico do pária, um julgamento negativo sobre a casta que concerne também, aliás em especial, ao Ocidente "civilizado". Por outro lado, ao adotar a perspectiva (imaginada) do intocável, e não a das castas superiores brâmanes, exibe as afinidades entre os "despotismos" oriental e ocidental.

Assim, enquanto, por um lado, a casta é gradativamente (re)constituída como elemento abjeto, mas incontornável, de uma cultura imutável, incomensurável e fechada à história e à ação política,[44] por outro, isto é, no discurso das Luzes, a casta, mesmo em sua dimensão mais detestável, convida a uma comparação entre a hierarquia indiana e a dos antigos regimes ocidentais e – mais tarde – das sociedades ocidentais modernas.

Montesquieu, que inaugura a conotação pejorativa da palavra "casta" na França, oferece um exemplo eloquente dessa dinâmica:

> Uma certa honra que preconceitos de religião estabelecem nas Índias faz com que as diversas castas *tenham horror* umas às outras. Essa honra está fundada unicamente na religião; as distinções de

---

44 Id., Castes of Mind, *Representations*, n.37, p.66. Id., *Castes of Mind: Colonialism and the Making of Modern India*.

A ESCÓRIA DO MUNDO **21**

família não formam distinções civis: há indiano que se sentiria desonrado se comesse com seu rei. Esses tipos de distinção estão ligados a certa *aversão* pelos outros homens, bem diferente dos sentimentos que diferenças de posição social *deveriam* criar, diferenças estas que entre nós contêm o amor aos inferiores.[45]

Valendo-se, como costuma fazer, do "eterno contraste entre as coisas reais e a maneira singular, nova ou estranha"[46] de percebê-las, o autor das *Cartas persas* sugere, ao mesmo tempo, a proximidade e o distanciamento entre as duas sociedades. Proximidade, pois o princípio de diferenciação da casta é aqui reformulado em termos de "honra" e aproximado ao princípio monárquico de seu próprio país. Distanciamento, por causa do "horror para os outros homens" associado a essa distinção, que o filósofo apresenta como estando nos antípodas dos sentimentos que "deveria" provocar a inferioridade de nível. Se sua observação traduz uma visão tradicionalista e idealizada da aristocracia, a "estupefação" que exibe a oposição *entre eles/entre nós* anuncia o elemento inédito que dará ao pária europeu toda a sua força polêmica: a abjeção associada, a partir de então, a toda inferioridade de nível. Mas o enunciado "*deveriam* criar" coloca em dúvida o verdadeiro objeto da estupefação: a hierarquia indiana é a única visada aqui, ou essa é também uma denúncia das novas percepções radicalizadas da diferença de nível, como as de Boulainviliers e Dubois, que o filósofo criticou em *O espírito das leis?*[47]

O surgimento da palavra *pária* nos textos das Luzes radicaliza a conotação crítica da casta ao relacioná-la a uma denúncia sistemática da autoridade arbitrária. Na *Encyclopédie* [Enciclopédia], as palavras *Paréas*, *Perréas*, *Parias*, bem como *Poulias*, *Poulichis* ou *Poulchis* salientam o caráter desumano e irracional do tratamento

---

45 Montesquieu, *De l'Esprit des lois*, p.156. Grifos meus.
46 Id., *Lettres persanes*, p.13.
47 Ibid., livro XXX, a propósito das origens distintas da nobreza, e a crítica dirigida a Boulainvilliers e ao abade Dubois, de que "cada um fez um sistema, um parece uma conjuração contra o terceiro estado, o outro contra a nobreza".

22 ELENI VARIKAS

dessa "classe de homens" considerada *"indigna de participar dos benefícios da humanidade"*.[48]

> Designa-se sob esse nome [pária] entre os habitantes idólatras do Industão, uma *classe de homens separada de todas as outras*, que é objeto de seu *horror & desprezo*. Não lhes é permitido viver entre os outros: habitam a extremidade das cidades ou o campo, onde têm poços para seu uso, dos quais outros indianos jamais iriam buscar água. Os *Pareas* sequer podem passar nas cidades pelas ruas em que moram os brâmines. São proibidos de entrar nos templos e pagodes, que *conspurcariam com sua presença*. Ganham a vida semeando a terra dos outros, construindo casas de terra & *fazendo as tarefas mais vis*. Alimentam-se de vacas, cavalos & outros animais *que tenham morrido naturalmente*, o que é a principal razão da aversão que se tem por eles [...].[49]

Mais do que qualquer outra obra do século das Luzes, é sem dúvida a *Histoire philosophique et politique des établissements et du commerce des européen des deux Indes* [História filosófica e política dos estabelecimentos e do comércio europeu nas duas Índias] que divulga, antes da Revolução, o destino dos párias. De 1770 a 1789, a obra de Raynal teve, apesar da censura, mais de quinze edições clandestinas. Posto ao serviço da comunicação das ideias das Luzes, o vivo interesse que suscitam os relatos de viagem e o gosto pelo exotismo facilitam a difusão da sorte reservada aos intocáveis indianos. A *impureza* que carregam como um *defeito de nascença*, a *aversão* de que são objeto, *os empregos degradantes* que ocupam na divisão social do trabalho, os rituais de *separação e purificação*, as *proibições da comensalidade* que marcam suas relações com as outras castas,

---

48 Poulichis ou Pulchis, s. m. (*Hist. mod.*). In: *Encyclopédie ou Dictionnaire raisonné des sciences, des arts et des métiers*, v.13, p.204. Grifos meus.

49 Paréas, Perréas ou Parias. In: *Encyclopédie ou Dictionnaire raisonné des sciences, des arts et des métiers*. Grifos meus.

A ESCÓRIA DO MUNDO 23

tudo é percebido e expresso, à época, em termos de "banimento da humanidade".

Além dessas tribos, há uma quinta, que é a escória de todas as outras. Os que a compõem exercem as tarefas mais vis da sociedade [...]. A entrada nos templos e mercados públicos lhes é proibida. [...] O horror que inspiram é tanto que, se por acaso tocarem em alguém que não fosse de sua tribo, perderiam impunemente uma vida considerada excessivamente vil para merecer a proteção das leis. Assim é, até mesmo, nos domínios nos quais a dominação estrangeira mudou um pouco as ideias, a sorte dos infelizes, conhecidos na Costa de Coromandel pelo nome de párias.[50]

Histórias e lendas de párias

> *Il est sur ce rivage une race flétrie*
> *Une race étrangère au sein de sa patrie*
> *Sans abri protecteur, sans temple hospitalier*
> *Abominable, impie, horrible au peuple entier*
> *Les Parias...*[51]
>
> Casimir Delavigne

Assim, três séculos após o aparecimento da palavra, enquanto a crítica da autoridade arbitrária rechaça a hierarquia e os privilégios hereditários para fora da Europa esclarecida, para associá-los ao obscurantismo oriental, a noção de "pária" parece subitamente adquirir pertinência e inteligibilidade política inteiramente europeias. Esse é o segundo paradoxo que marca a gênese do pária. Com efeito, é no momento em que o conceito de *humanidade* faz sua

---

50 Raynal, op. cit., p.96.
51 Trad.: "Há nestas costas uma raça encarquilhada,/ Uma raça estrangeira no seio de sua pátria/ Sem abrigo protetor, sem templo hospitaleiro/ Abominável, ímpia, horrível ao povo inteiro/ Os párias...". (N. T.)

24 ELENI VARIKAS

entrada triunfal como horizonte da universalidade dos direitos que a figura do pária se introduz na linguagem política da Revolução para enunciar a perplexidade ou a indignação diante da dificuldade de incluir plenamente alguns indivíduos ou grupos. "São necessários tantos palavreados e citações para provar que um judeu é um homem e que é injusto puni-lo, desde o nascimento, pelos vícios reais e supostos que censuramos em outros homens, com os quais ele só tem em comum a crença?", escreveu Zalkind Hourwitz, às vésperas da Revolução.[52] Se a "exclusão [...] de uma metade do gênero humano pela outra é uma coisa impossível de se explicar pelo princípio abstrato [dos direitos do homem] [...], em que repousa vossa constituição?", escreveu Mary Wollstonecraft a Talleyrand, cujo relatório, em 1791, excluía as mulheres da educação pública,[53] enquanto, no mesmo período, Anacharsis Cloots assinalava em sua *Pétition des domestiques* [Petição dos domésticos], com raiva, a persistência de uma "classe proscrita, uma casta abjeta de *párias ocidentais*". Ora, o que nos interessa é justamente a tensão inerente à escolha de um termo extraído da hierarquia das castas para descrever uma sociedade em que a hierarquia se torna ilegítima. Pois se constitui aí o campo semântico que dá à figura do pária sua singularidade "ocidental", sua historicidade própria e, talvez, sua perenidade.

Sob o signo dessa tensão e dos conflitos que a proclamam, inventam-se palavras, histórias e gestos que povoam o imaginário do pária. Imaginário de que extrairá sua força, polissemia e capacidade proteiforme de revestir as mais diversas formas de subjetividade, nomear as mais diferentes relações de opressão, desigualdade e exclusão. Histórias que se encontram na literatura maior e na

---

52 Hourwitz, *Apologie des juifs*, p.37.

53 Wollstonecraft, To M. Talleyrand-Périgord, Late Bishop of Autun. In: op. cit., p.103. Wollstonecraft se refere ao *Rapport sur l'instruction publique fait au nom du comité de Constitution à l'Assemblée nationale* [Relatório sobre a instrução pública feito em nome do comitê de Constituição na Assembleia Nacional], de 1791, no qual Talleyrand defende que a exclusão das mulheres da instrução pública, uma infração à universalidade dos direitos, é necessária para a felicidade da maioria, em especial das mulheres.

A ESCÓRIA DO MUNDO   25

menor, na imprensa erudita e na popular, histórias ouvidas e vistas
no teatro e na ópera, discutidas e interpretadas à luz de experiências, contextos históricos e situações individuais únicas; histórias
retomadas e reiteradas nas mais variadas formas textuais, orais,
musicais, pictóricas, nas quais "as palavras se redizem e o sentido
se ressignifica".[54] Histórias que instigam a imaginação – faculdade
que permite, como dizia Aristóteles, "produzir um objeto diante
de nossos olhos tal como aqueles que, armazenando ideias de modo
mnemônico, conseguem construir imagens".[55] Essas histórias formam uma verdadeira constelação de imagens que, interligadas por
uma rede de analogias, permitem aproximações inesperadas entre
fontes variadas, diferentes momentos e versões diferentes de um
mesmo relato. Permitem revelar as correspondências ocultas "entre
objetos bastante distintos" – o intocável indiano e o pária ocidental,
a mulher autora, o judeu, o homossexual –, condensados na forma
necessariamente concisa da metáfora.

Banimento da humanidade. A verdade numa choupana

A primeira dessas histórias, em ordem cronológica, e também do ponto de vista do impacto, é *A choupana indiana*, conto
filosófico que apresentou a figura do pária a um público amplo,
erudito e popular, europeu e americano. Publicado em 1791, no
calor de debates passionais a respeito da escravidão, emancipação
dos "homens de cor livres", judeus, mulheres, esse conto de Bernardin de Saint-Pierre teve sucesso imediato: logo publicado em
Londres, Dublin e Leipzig, foi transformado em ópera em um
ato, chamada *O pária* e apresentada no teatro da rua Feydau, em
Paris, com música de Gaveau.[56] Juntamente com a *Histoire des
deux Indes*, de Raynal, é uma fonte-chave para a difusão da palavra

---

54 Genette, *La Rhétoric restreinte: figures III*, p.33.
55 Aristóteles, *De l'âme*, p.166.
56 Grimm; Diderot, *Correspondance littéraire, philosophique et critique*, tomo XVI.

26 ELENI VARIKAS

pária e representa uma das leituras mais populares do século XIX, antes de ingressar na literatura infantil, no século XX. A busca da verdade por um sábio inglês na Índia do século XVIII serve de ocasião para opor, num espírito satírico e sarcástico, os brâmanes – e sua pretensão arrogante ao monopólio do saber – e um pária que, excluído da sociedade, tem suficiente distância e desinteresse para alcançar a sabedoria e a verdade. Inscrita na tradição do exotismo filosófico inspirado pela Índia, *A choupana* opera uma inversão no sentido e hierarquia de valores atribuídos ao sistema de casta. Isso é particularmente evidente se comparada aos contos "indianos" de Voltaire e, em especial, à *História de um brâmane*, em que Bernardin de Saint-Pierre manifestamente se inspirou. Como na parábola de Voltaire, aqui também há um narrador que emite uma opinião "objetiva", fazendo os preconceitos caírem em ridículo; como em Voltaire, que confrontava a sabedoria do brâmane à estupidez de uma velha indiana pobre, feia e ignorante, *A choupana* mostra a oposição entre um brâmane e um pária. Mas, enquanto o "brâmane" voltairiano é ainda mais sábio por ser rico ("como nada lhe faltasse, não tinha necessidade de enganar ninguém"), o de Bernardin de Saint-Pierre é tacanho e cheio de preconceitos, à semelhança de um clero ocidental que ele não deixa de arranhar de passagem. Aqui, a sabedoria e a filosofia encontram-se do lado do *pária*, cuja pobreza e marginalidade são apresentadas como fontes de generosidade e autoconhecimento. A verdade, parece retorquir o autor a Voltaire, não é necessariamente o produto da instrução e, ainda menos, o apanágio dos ricos. Fazendo-a sair da boca de um "homem que não tem nem fé nem lei", Bernardin de Saint-Pierre infringe a perspectiva voltairiana segundo a qual "mais os homens são miseráveis, mais são vis, crédulos e submissos".[57] Coloca também em dúvida o monopólio da sabedoria que o autor de *Cândido* atribui às elites letradas. "Instruído pela infelicidade", seu herói aprende que o consolo mais seguro "é o que se encontra em si mesmo" e reinventa

---

57 Saint-Pierre, *La Chaumière indienne*, p.109.

A ESCÓRIA DO MUNDO **27**

uma humanidade na meditação solitária sobre a rejeição e a injustiça: "sem poder ser indiano, fiz-me homem".[58]

Essa reviravolta marca uma virada decisiva, pois, a partir de então, a palavra pária não está mais associada à infâmia. O alvo de Bernardin de Saint-Pierre não é apenas o opróbrio de que o pária é objeto, mas também a associação do brâmane à sabedoria e à verdade. Uma associação que, no século das Luzes, determinava a superioridade do brâmane aos olhos do público culto e que, ainda hoje, está no centro do sentido metafórico da palavra *brâmane* nos dicionários de língua inglesa.[59] Essa dimensão não escapou aos contemporâneos, como demonstra o título que o tradutor inglês deu à primeira edição britânica, *The Indian Cottage or a Search After Truth* [A cabana indiana ou uma busca pela verdade].[60]

O sucesso imediato do livro e suas numerosas traduções durante o século XIX (razões pelas quais o encontramos hoje em tantas bibliotecas da Europa e da América)[61] são difíceis de entender se não forem situados no contexto da verdadeira "revolta pária da moral", que foi a erupção na cena política daqueles e daquelas que Burke havia qualificado, alguns meses antes, de "multidão porcina". Publicada em meio à polêmica quanto ao novo conceito de "direitos do homem", *A choupana* soube encarnar e popularizar, junto a sucessivas gerações, a inversão da hierarquia de valores, que concedia à condição subalterna dessa "multidão com várias cabeças" um privilégio cognitivo e até mesmo uma superioridade moral e política. Essa dimensão é constitutiva do sentido de *pária*,

---

58 Ibid., p.101.

59 Ver *Concise Oxford* et *Chambers 20th Century Dictionary*, nos quais "Brahmin" designa "uma pessoa de alta posição social, gosto e intelecto cultivado" ("a person of high social standing and cultivated intellect and taste") ou "um membro da elite social e cultural" ("a member of social and cultural elite"), como na célebre expressão os *"Brâmanes de Boston"*, que designa, a partir da segunda metade do século XIX, a velha elite bostoniana de Beacon Hill. Holmes, The Professor's Story, *Atlantic Monthly*, v.5, n.27, cap.1.

60 *The Indian Cottage or a Search After Truth, by M. Saint-Pierre.*

61 Por exemplo, Saint-Pierre, *The Indian Cottage* (Dublin, 1791) e *Der indianische Strohhutte* (Neuwied e Leipzig, 1791).

28 ELENI VARIKAS

como salienta a homenagem involuntária dos redatores do clássico dicionário *Hobson-Jobson* a "essa fábula aberrante, ainda que outrora popular" a que fazem remontar o uso corrente do termo pária e "o *halo romântico dissonante* [...] que, em certa medida, *está sempre associado a essa palavra*".[62]

Uma raça estrangeira em sua pátria

> *Je foule un sol fatal à mes pas interdit*
> *Je suis un fugitif, un profane, un maudit*
> *Je suis un Paria!*[63]
>
> Casimir Delavigne

O halo romântico que, com efeito, acompanhará a figura do pária em suas peregrinações "atinge seu apogeu na peça de Casimir Delavigne",[64] *Le paria*. O teatro, que Madame de Stäel qualificou de "gênero republicano por excelência", é considerado um meio privilegiado para a educação do povo e aquisição de eloquência política. Atraindo espectadores de todas as condições, projeta a figura do pária ao centro do espaço público plebeu em plena formação, e isso num momento em que a euforia pelos direitos do homem cede lugar ao desencanto dos que constatam que a inclusão nessa humanidade "universal" depende de "*bilhetes de entrada*" (*sic*), como o batismo, para lembrar a célebre expressão de Heine. Duas peças, uma francesa e uma alemã, contribuíram para popularizar a palavra e firmar seu sentido metafórico no início dos anos 1820.[65]

---

62 Yule, op. cit., verbete *Pariah, Parriar*, p.678. Grifos meus.
63 Trad.: "Ando por um solo fatal a meus passos proibidos/ Sou fugitivo, profano, maldito/ Eu sou um Pária!". (N. T.)
64 Ibid.
65 Com efeito, o dicionário *Robert* dá a data de 1821 para o sentido figurado de pária: " Pessoa banida de uma sociedade, de um grupo. Excluído. Tratar alguém como um verdadeiro pária. Viver como pária. Repelido por todos" ("Personne

A tragédia de Delavigne é a segunda história marcante na genealogia do pária. Apresentada em 1º de dezembro de 1821, no teatro do Odéon, conta a desventura de Idamore, um intocável privado, como tal, do direito de servir seu país, mas que, graças a sua coragem, libera Benares da ocupação inimiga. Torna-se chefe da casta dos guerreiros, porém não poderá escapar a seu destino: suas origens são descobertas, e é condenado à morte por aqueles que salvara. O drama é uma denúncia da degradação dos direitos do homem à qual são condenados alguns grupos, e assim é entendido pelo público da época. A história se passa, obviamente, na Índia, mas as alusões à Europa são numerosas e transparentes. Assim, Alvar, ex-prisioneiro e confidente de Idamore, é um cristão português excomungado que foge do "furor" da Inquisição, cujo anátema, diz ele, "secou em minha testa a água pura do batismo". Cristão antigo ou cristão-novo? Não se sabe. Mas a hipótese de uma referência à condição dos judeus não pode ser descartada, em vista das repetidas alusões a "uma raça estrangeira em sua pátria" e, principalmente, da tensão dramática de um personagem corroído pela necessidade de manter secreta sua filiação a uma raça decretada infame e pelo gosto amargo de um êxito que implica a negação de seus semelhantes. Seja como for, a narrativa de Alvar – narrativa dentro da narrativa, como se encontra com frequência nas histórias de párias – esboça numa vintena de versos o contorno de uma herança europeia tumultuosa e nada gloriosa. Ele relata a "sede de conquistar", acesa na Europa por Vasco da Gama, que foi, para o fugitivo, a oportunidade de escapar de seus perseguidores e esconder-se no fundo de um barco que partia para "espoliar" a Índia, e depois seu aprisionamento merecido ("eu trazia a escravidão e recebi os ferros!") e sua liberação pelo chefe militar dos nativos, que não era outro senão o pária Idamore:

---

mise au ban d'une société, d'un groupe. Exclu. Traiter quelqu'en comme un vrai paria. Vivre en paria, repoussé de tous").

L'erreur t'a repoussé du milieu des chrétiens
L'homme est partout le même et tes maux sont les miens.[66]

Escrito por um dos primeiros representantes do byronismo francês,[67] esse apelo lírico à solidariedade de todos os perseguidos incomoda alguns críticos. Um deles, de nome Duviquet, afirma que "se é louvável inflamar-se por uma classe proscrita e aviltada, é injusto sacrificar-lhe inteiramente as classes superiores".[68] Como as peças anteriores de Casimir Delavigne, *O pária* tem sucesso imediato. Foi incluída por Stendhal entre as peças mais populares da época.[69] Traduzida quase imediatamente em várias línguas, fornece material para um número considerável de óperas e melodramas homônimos, poesias líricas e danças apresentadas na Europa ao longo do século. A tragédia de Delavigne também deixará sua marca nas obras românticas que a sucederam, a começar pelo manifesto do romantismo, *Hernani*,[70] esse outro "proscrito" cuja história é cruzada de ponta a ponta pelo vocabulário, os tropos e as convenções literárias de *O pária*.

Todos... todos iguais!

And all must love the human form.
In heathen, turk or jew.[71]

William Blake

---

66 Delavigne, Le Paria. In: *Œuvres complètes*, p.57. [Trad.: "O erro te afastou do meio dos cristãos/ O homem é o mesmo em todos os lugares e teus males são os meus". – N. T.]

67 Estève, *Byron et le Romantisme français*. p.116.

68 Duviquet, Examen critique du Paria. In: Delavigne, *Le Paria*, p.122.

69 Stendhal, *Racine et Shakespeare*, p.9.

70 Evans, A Source of Hernani. *Le Paria* by Casimir Delavigne, *Modern Languages Notes*, v.47.

71 Trad.: "E todos devem amar a forma humana/ no pagão, turco ou judeu". (N. T.)

A ESCÓRIA DO MUNDO **31**

Se, em *O pária* de Casimir Delavigne, a ideia de "estrangeiro em sua pátria" já está tematizada, é a peça de Michael Beer e sua recepção que associam, explícita e duravelmente, a palavra à condição dos judeus após a emancipação. Essa segunda tragédia, que faz do pária uma verdadeira metáfora, vem da Alemanha. O interesse pela Índia, presente desde o século XVII, tinha marcado as Luzes alemãs, devido em especial à obra de Herder, dos irmãos Schlegel e de Humboldt. Como observou ironicamente Heine:

os portugueses, os holandeses e os ingleses trouxeram os tesouros da Índia em seus grandes barcos. Mas não deixaremos de fora os tesouros espirituais da Índia. Schlegel, Bopp, Humboldt, Frank são hoje nossos viajantes às Índias Orientais. [As universidades de] Bonn e Munique são boas Companhias![72]

A Índia é uma fonte de inspiração poética, como indicam os poemas do próprio Heine (por exemplo, "A flor de lótus") e de Goethe, que contribuiu consideravelmente para popularizar o tema do pária. Inspirado numa lenda citada nas *Voyages* [Viagens], de Sonnerat, o poema de 1797, "O Deus e a bailadeira", publicado em francês em 1821,[73] transformado em ópera e, mais tarde, em música por Schubert,[74] permanecerá popular durante todo o século XIX. Seu poema "Pária" é publicado um ano após a tragédia de Michael Beer. Conta a lenda da mulher de um brâmane, decapitada pelo marido por ter sido infiel em pensamento. Seu filho procura reanimá-la, mas, na pressa, cola a cabeça da mãe no corpo de uma criminosa executada, e desse erro nasce uma nova criatura graciosa, que é a deusa protetora de todos os párias. Erro oportunamente autorizado por Brama, ao qual é consagrada a última parte do poema, "Prece

---

72 Apud Wilhelm, op. cit., p.397.

73 *La Bayadère et le Dieu de l'Inde.* In: *Œuvres complètes de Madame la Baronne de Staël, publiées par son fils.*

74 *Le Dieu et la Bayadère ou La Courtisane amoureuse,* ópera em dois atos, libreto de Scribe, música de Daniel-François-Esprit Auber, exibido pela primeira vez na Ópera de Paris em 13 de outubro de 1830.

32 ELENI VARIKAS

do pária". Retomada por Thomas Mann, essa lenda serve de ocasião para uma reflexão filosófica sobre o conflito entre corpo e alma no romance *As cabeças trocadas*, que dará, por sua vez, origem a peças de teatro e espetáculos de dança. O mais recente foi apresentado, em abril de 2007, pelo grupo Kanopy Dance Company, em Madison. A peça de Michael Beer, *Der Paria*, apresenta uma temática do pária muito mais sombria e atormentada do que a de Goethe. É marcada por um período de forte ressurgimento do antissemitismo na Alemanha após a partida de Napoleão, que havia suprimido o imposto especial dos judeus e concedido a eles a igualdade civil. A restauração dos antigos poderes compromete o processo de emancipação: em 1819, ocorrem *pogroms* em várias cidades alemãs; estudantes judeus, entre os quais Heine, são expulsos da associação dos estudantes alemães, e a revogação, pela Prússia, de uma regulamentação de 1812 favorável aos judeus os exclui da função pública. É nesse contexto que a peça de Beer é montada, em 22 de dezembro de 1823, em Berlim, onde recebe uma verdadeira ovação dos espectadores e elogios públicos de Goethe. Essa tragédia em um ato retrata com as cores mais vivas a luta interior de uma natureza nobre contra os efeitos desmoralizantes de uma vida corroída por preconceitos degradantes que pesam sobre sua "raça". O autor, Michael Beer, poeta e dramaturgo talentoso, de 23 anos, vem de uma família judia da *Aufklärung* (as Luzes): sua mãe mantinha um dos mais importantes salões berlinenses, seus irmãos eram o compositor Jacob Meyerbeer e o astrônomo Wilhelm Beer.[75] A peça é, desde o início, recebida como uma reflexão sobre o destino dos judeus que, apesar da adesão ao projeto de emancipação, confrontam-se com uma discriminação sistemática e veem-se sempre considerados estrangeiros em seu próprio país. "Exilado dos caminhos comuns da vida, expulso da corrente que arrasta o mundo", Gadhi, o herói intocável de Beer, não tem outro consolo a não ser o amor de sua mulher, Maja, uma indiana da casta dos guerreiros que ele salvou

---

75 Hertz, *Ihre Offenes Haus*: Amalia Beer und die Berliner Reform, *Kalonymos*, v.2, n.1.

da morte. Mas sua vida é um "longo lamento" no meio de um povo que nega sua humanidade. E, como todos sabem, na era do Estado--nação, a humanidade depende amplamente da cidadania, cuja prova culminante é o direito de morrer pela pátria: "Eles acariciam seus cães e cavalos, e nos afastam com pavor, como se a natureza nos tivesse dado apenas as máscaras da figura humana. Ponha-me em seu nível e verá se me assemelho a você. Tenho uma pátria, vou protegê-la. Dê-me, pois, uma vida, hei de pagá-la com juros [...]".

Descobertos pelo irmão de Maja, que se prepara para matar o pária, os dois amantes não aceitam a separação e suicidam-se juntos. No momento de sua morte, e graças ao amor de sua mulher, que fizera "da cabana de um mendigo um paraíso nessa terra", Gadhi se reconcilia com a vida. Mas suas últimas palavras são: "[...] todos, todos... iguais".[76]

Apresentada em Paris em 1826, com o mesmo sucesso que em Berlim, essa peça constitui uma das fontes mais importantes da difusão do sentido metafórico da palavra na Alemanha e de sua associação durável com a situação dos judeus após a emancipação. O *Paria* de Beer constitui igualmente a referência de toda uma tra-dição teórica – a começar por Max Weber e seu conceito de "povo pária"[77] – que fará da figura do pária o contexto conceitual de uma reflexão sociológica e filosófica.

Mary, ou a divindade do rosto humano

All men are alike (tho'infinitely various)[78]

William Blake

---

76 Beer, *Le Paria*, p.47.
77 Com o abade Raynal. Cf. Raphaël, Les Juifs en tant que peuple paria dans l'œuvre de Max Weber, *Social compass*, v.23, n.4, p.397-426. Id., L'Étranger et le paria dans l'œuvre de Max Weber et de Georg Simmel, *Archives des Sciences Sociales des Religions*, v.61, n.1.
78 Trad.: "Todos os homens são iguais (embora infinitamente diversos)". (N. T.)

34 ELENI VARIKAS

> *See Wollstonecraft, whom no decorum checks,*
> *Arise, the intrepid champion of her sex;*
> *O'er humbled man assert the sovereign claim,*
> *And slight the timid blush of virgin fame*[79]
>
> Richard Polwhele, *The Unsex'd Females*

Atribuindo a seu intocável alguns traços do bom selvagem, o conto filosófico de Bernardin de Saint-Pierre havia inaugurado um *topos* literário, concedendo ao pária a aura poética com a qual o Romantismo irá cingir o indivíduo solitário, o indivíduo massacrado pelas normas sociais, que nivelam ou reprimem seus impulsos mais profundos. O "destino" do pária atrai os compositores em busca de obras dramáticas que solicitam a imaginação e a paixão, e oferece terreno privilegiado de exploração da nova estética romântica tal como se encontra exposta, já no fim do século XVIII, na obra de Germaine de Stäel:

> Releio incessantemente algumas páginas de um livro chamado *A choupana indiana*. Não conheço nada mais profundo em moralidade sensível do que o quadro da situação do *pária*, esse homem de raça maldita, abandonado pelo universo inteiro [...] causando horror a seus semelhantes sem tê-lo merecido por nenhuma falta; enfim, *a escória desse mundo* [...] É dessa maneira que vive o homem sensível nesta terra; ele também é de uma raça proscrita, sua língua nunca é ouvida, seus sentimentos o isolam, seus desejos jamais se realizam e aqueles que o circundam ou se afastam dele só se aproximam para feri-lo.[80]

O Romantismo dá um forte impulso a essa temática do fascínio e da indignação. É possível dizer que ela lhe é coextensiva, tanto

---

79 Trad.: "Veja Wollstonecraft, que nenhum decoro detém/ Ela se ergue, a intrépida defensora de seu sexo,/ Sobre o homem humilhado assevera o clamor pela soberania/ E desdenha do rubor tímido da reputação virginal". (N. T.)

80 Staël, *De l'Influence des passions sur le bonheur des individus et des nations.*

se alimentam mutuamente ao longo do século XIX. Ao encarnar a subjetividade do "homem sensível", o pária fala à interioridade do espectador ou leitor, abrindo caminho às relações da literatura com a sociedade e a política. Torna-se, dessa maneira, o símbolo do indivíduo sufocado, inadaptado (ou insubmisso) às normas, de seu destino terrível e da solidão que o acompanha no período pós-revolucionário dos dois lados da Mancha. Como notou William Blake, no fim de sua vida, "desde a Revolução Francesa, os ingleses se medem pela escala dos outros num estado de feliz conformidade, com o qual pelo menos um, eu próprio, está em desacordo".[81]

Blake é um dos primeiros a dar voz poderosa a essa solidão da dissidência nos versos que envia a um amigo, quando, acusado de sedição por suas convicções revolucionárias, é ofendido pela turba conservadora:

O why was I born with a different face?
Why was I not born like the rest of my race?
When I look each one starts! When I speak I offend
Then, I'm silent & passive & lose every Friend.[82]

Dois anos depois, em seu poema intitulado "Mary", ele retoma os mesmos termos para denunciar o linchamento póstumo que sofreu Mary Wollstonecraft após a publicação de seu romance inacabado, *Maria, or the Wrongs of Women* [Maria, ou os erros das mulheres] e da biografia publicada por seu marido, William Godwin.[83] O amor extraconjugal de sua heroína *Maria* chocou a crítica convencional e os liberais em vias de descobrir as delícias do conformismo *high Church*; mas foi a biografia de Wollstonecraft, publicada em 1798, um ano após sua morte, que desencadeou o escândalo. Godwin narrou, com tanto respeito quanto franqueza,

---

81 Apud Makdisi, *William Blake and the Impossible History of the 1790's*, p.313.
82 Trad.: "Oh, por que nasci com um rosto diferente?/ Por que não nasci como o resto de minha raça?/ Quando olho, todos se sobressaltam! Quando falo, ofendo/ Então, permaneço calado & passivo & perco todos os amigos". (N. T.)
83 Godwin, *Memoirs of the Author of the Vindication of the Rights of Woman*.

36 ELENI VARIKAS

a vida de sua mulher, sem omitir o amor pelo pintor Fuselli, que era casado, a ligação com Gilbert Imlay, a morte de Fanny, sua filha ilegítima. O livro foi lido como uma "defesa aberta do adultério", conforme a expressão notória de Hannah More. É provável que o *timing* não tenha sido bem escolhido, nesse período de caça às bruxas, marcado por perseguições aos militantes republicanos e dissidentes religiosos, supressão de liberdades, censura e temor de uma revolução social: foi, com efeito, o detonador de uma campanha odiosa de difamação pública, pela qual a imprensa antijacobina, sacrificando Wollstonecraft ao voyeurismo grosseiro do vulgar, serviu-se da "desordem" e da independência de sua vida pessoal para deslegitimar como imorais, antinacionais e antinaturais as ideias expressas em suas duas *Defesas*, dos direitos dos homens e dos direitos das mulheres. Dos dois lados do Atlântico, em que ela era conhecida como porta-voz dos radicais ingleses, Wollstonecraft tornou-se, assim, o protótipo desses novos monstros, essas autoras políticas mulheres, que, dignas descendentes sanguinárias de Lady Macbeth, "desfaziam-se de seu sexo" (*un'sexed*[84]): elas "nos guiam, ou nos perdem (perdendo-se a si mesmas) no labirinto político ou, então, nos transformam em selvagens com um furor gaulês",[85] escreveu Thomas Mathias, na Filadélfia. Em linha direta de Burke e suas "fúrias do inferno", o panfleto satírico de Richard Polwhele contra Wollstonecraft, *The Unsex'd Females*[86] [As mulheres sem sexo],

---

84 A expressão "un'sex" remonta a Shakespeare, *Macbeth*, ato I, cena 5: "*Come, you spirits/That tend on mortal thoughts, unsex me here/ And fill me from the crown to the toe top-full/ Of direst cruelty! make thick my blood;/ Stop up the access and passage to remorse!*" [Trad.: "Vinde vós, espíritos/ que sabem escutar os pensamentos mortais, liberai-me aqui de meu sexo/ e preenchei-me, da cabeça aos pés/ com a mais medonha crueldade, até haver ela de mim tomado conta/ Que o meu sangue fique mais grosso/ que se obstrua o acesso, a passagem, para o remorso". – N. T.].

85 "*Our unsex'd female writers now instruct, or confuse, us and themselves, in the labyrinth of politics, or turn us wild with Gallic frenzy.*" Mathias, *Pursuits of Literature: A Satirical Poem in Four Decalogues with notes*, p.204.

86 Polwhele, *The Unsex'd Females: A Poem Addressed to the Author of the Pursuits of Literature*.

que domina a campanha, dotará a linguagem contrarrevolucionária de um lugar-comum destinado a um futuro brilhante, associando, em versão "moderna" e secularizada, o fantasma da indistinção dos sexos, do nivelamento da sociedade e do mundo às avessas a qualquer projeto de transformação social. "Hiena de saiote", "serpente filosofante", "provocadora revolucionária", "meretriz jacobina", aquela que foi a primeira a defender os direitos *dos* homens, *no plural*, em nome da "divindade do rosto humano" (*human face divine*), era agora um monstro desnaturado, desafiando uma norma sexual rígida e repressiva erigida em "lei da natureza". É esse clima de linchamento moral que Blake relata de maneira violenta, em forma de conto infantil, assumindo tanto a voz do narrador quanto o *alter ego* fictício da feminista estigmatizada:

> *Some said she was proud, some called her a whore*
> *And some when she passed by, shut to the door.*[87]

Ele retrata igualmente a deserção daqueles e daquelas que, tendo partilhado o sonho da "igual liberdade para todo indivíduo", distanciavam-se agora escandalizados ou que, temendo associar suas ideias à promiscuidade sexual e à imoralidade, não ousavam, por conformismo, defender sua memória e conservavam um silêncio constrangido.

> *And Mary arose among Friends to be free*
> *But no Friend from henceforward, thou Mary, shalt see.*[88]

> *With Faces of Scorn and with Eyes of Disdain*
> *Like foul Friends inhabiting Mary's mild Brain*

---

87 Trad.: "Alguns a chamaram altiva, outros a chamaram prostituta/ E alguns, quando ela passou, fecharam a porta". (N. T.)

88 Trad.: "E Mary surgiu entre amigos para ser livre/ Mas nenhum amigo de agora em diante, você Mary, verá". (N. T.)

38 ELENI VARIKAS

She remembers no Face like the Human Divine
All faces have Envy, sweet Mary, but thine.[89]

Uma atitude que deixará chocada Flora Tristan, durante seus *Promenades à Londres* [Passeios em Londres], ao perceber as reações de "pavor" provocadas, meio século depois, à simples menção de *Défense des droits des femmes*, mesmo entre mulheres "ditas progressistas". A socialista francesa, que se identifica, em muitos aspectos, com sua predecessora britânica, comenta amargamente a eficácia da "calúnia", que "transmite ódio de geração em geração, não respeita o túmulo, nem mesmo a glória a detém".[90]

"Por que não nascer homem?", perguntava *Maria* no romance de Wollstonecraft. Trata-se de uma jovem que, confinada por seu marido num hospício, apaixona-se por outro homem e reivindica esse adultério diante do tribunal que a julga. Incapaz de se conformar às normas da feminilidade e ao *double bind* que lhe é atribuído, torna-se uma *outcast*: "Oh, por que nascer com um rosto diferente?/ Por que não nascer como essa raça invejosa?",[91] escreve em eco o poeta, no lugar daquela que não está mais lá para se defender.

O, why was I born with a different Face?
Why was I not born like this Envious Race?[92]

Diferente dos homens com os quais parecia "disputar a soberania", como mulher-autora[93] política; refratária, por sua liberdade sexual e independência, à norma da feminidade tanto quanto à

---

89 Trad.: "Com rostos de escárnio e com olhares de desprezo/ Como falsos amigos povoando a mente gentil de Mary/ Ela não se lembra de nenhum rosto com Humanidade Divina/ Todos os rostos são invejosos, doce Mary, exceto o seu". (N. T.)

90 Tristan, Promenades à Londres. In: Desanti, *Flora Tristan, vie, œuvre mêlées*, p.54-5.

91 Blake, Mary. In: *The Portable Blake*, p.160.

92 Ibid., v.II, p.733.

93 Em relação à formação do estereótipo da mulher-autora, esse monstro do século XIX, ver Planté, *La Petite Sœur de Balzac*.

A ESCÓRIA DO MUNDO **39**

vida das mulheres de seu tempo, colocando-se em polo oposto do novo consenso do anglicanismo respeitável, nascido do temor que suscitou, após "89, a esperança louca de um mundo às avessas", Mary Wollstonecraft acumula, com efeito, *rostos diferentes*. Ela é, desse ponto de vista, uma candidata perfeita à condição de pária, que Madame de Stäel atribuirá, dois anos depois, à existência desse híbrido que é a mulher publicamente reconhecida, para não dizer a mulher pública:

> A opinião parece liberar os homens de todos os deveres em relação à mulher em quem se reconheça um espírito superior; pode-se ser ingrato, pérfido, maldoso com ela, sem que a opinião se encarregue de vingá-la. Não é ela uma *mulher extraordinária*? Então, tudo está dito. É abandonada às próprias forças, deixa-se que enfrente a dor. O interesse que uma mulher inspira, o poder que um homem garante, tudo lhe falta de uma só vez: ela passeia sua existência singular, como os Párias da Índia, *entre todas as classes das quais não pode ser,* todas as classes que consideram que ela deve existir para si mesma, objeto de curiosidade, talvez inveja, merecendo, de fato, apenas piedade.[94]

Maldição de pele: um papagaio, dois macaquinhos e uma pequena cativa

> *Perdi um papagaio de cabeça vermelha que destinava a Elzear, dois macaquinhos que reservava ao senhor de Poix [...] Sobram-me um periquito para a rainha, um cavalo para o marechal de Castries, uma pequena cativa para o senhor de Beauvau, um calmão para o duque de Laon, uma avestruz para o senhor de Nivernois [...]*
>
> Stanislas Jean, cavaleiro de Bouflers, governador do Senegal de 1785 a 1787

---

94 Staël, *De la Littérature considérée dans ses rapports avec les institutions sociales*, p.333. Grifos meus.

40 ELENI VARIKAS

> *Da parte mais negra de minha alma, através da*
> *zona de meias tintas, me vem este desejo repentino*
> *de ser branco.*[95]

> Frantz Fanon

Na reorganização moral, religiosa, política e filosófica do período pós-revolucionário na França, onde, como se viu, uma normatividade agressiva parece esmagar uma subjetividade recentemente reivindicada, o motivo romântico de um obstáculo que se ergue entre o desejo da alma e o objeto desse desejo toma, no imaginário artístico e político do *pária*, a forma de um "impedimento" que separa o indivíduo do resto da humanidade e deixa espaço, como notou Sainte-Beuve, à exploração do "sofrimento do coração e do amor-próprio que tal situação faz[ia] nascer".[96] Mais do que "escravo das circunstâncias" em geral, tal como se designa com frequência o herói romântico, o pária está ligado mais precisamente às circunstâncias de uma configuração sociopolítica particular, que edifica a diferença como desvio e maldição de nascença. Mobiliza a temática do exílio interior de uma humanidade "des-locada", fora de lugar, num mundo que confunde a unidade do gênero humano com sua identidade. Se ela se ergue contra a injustiça social, sua força como *locus romanticus* consiste menos na análise precisa desta ou daquela relação social do que na exploração do dano que uma tal injustiça causa a um indivíduo concreto. E é por esse viés, pelo exame profundo e tematização desse dano, que a figura do pária adquire igualmente um potencial cognitivo precioso para a análise de uma relação social e de dominação, em sua materialidade cotidiana e estrutural.

Os escritos literários de Claire de Duras oferecem um exemplo apaixonante da exploração desse dano interior sob três formas

---

95 Fanon, *Peau noir, masques blancs*, p.69.
96 Para retomar a formulação de Sainte-Beuve, *Œuvres*, p.1049.

A ESCÓRIA DO MUNDO **41**

diferentes, relacionadas à articulação do gênero com as barreiras da "raça",[97] da posição social,[98] da sexualidade.[99]

Convém aqui demorarmo-nos na primeira novela, *Ourika*, pois é também a primeira obra a explorar, com uma profundidade e sutileza de uma atualidade desconcertante, esse dano moral que corrói e destrói a subjetividade do pária, e ao mesmo tempo, a visibilizar essa relação destrutiva ainda indizível, sem nome, que é o racismo. *Ourika* conta a história de uma menina senegalesa resgatada da escravidão e educada como aristocrata que se dá conta, aos 15 anos, de que seu amor pelo neto de sua "benfeitora" é "monstruoso". A jovem encantadora, culta e adulada torna-se assim brutalmente uma "negra, dependente, desprezada, [...] rejeitada de um mundo no qual ela *não foi feita para ser aceita*".[100]

A novela é inspirada na história real de uma menina senegalesa do mesmo nome, comprada pelo governador do Senegal, o cavaleiro de Boufflers, e oferecida, no fim dos anos 1780, à sua tia, esposa do marechal de Beauvau, que, assim como a madame de Duras, mantinha um salão literário em Paris. O marechal era membro da Sociedade dos Amigos dos Negros, fundada em 1788, bem como o governador do Senegal, que, pouco antes de seu envolvimento abolicionista, classificava a "pequena cativa" entre os presentes exóticos que tinha comprado para seus amigos: um papagaio, dois macacos, um periquito e um calmão.[101] Mas a esposa do marechal provavelmente se afeiçoou muito à pequena Ourika, que havia criado, ao que parece, com os próprios filhos, como sugerem estas linhas que escreveu após a morte da jovem, causada por uma doença: "A morte de minha querida Ourika foi doce como sua vida; ela não conheceu seu perigo, e os cuidados mais afetuosos e ternos

---

97 Duras, *Ourika.*
98 Id., *Édouard.*
99 Id., *Olivier ou le Secret.*
100 Id., *Ourika*, p.36-7.
101 Apud Little (org.), *Ourika*, p.39.

lhe foram oferecidos até seus últimos momentos, pelos que me são próximos e choram comigo".[102]

Claire de Duras, que fazia parte desse mesmo meio da nobreza liberal e cuja fortuna, vinda da Martinica, provavelmente devia muito ao sistema escravagista, detém-se nessa ambiguidade, em vez de simplificá-la ou descartá-la, e faz uma reflexão sobre a complexidade e invisibilidade do racismo como sistema. Contornando os chavões que, desde *Oronoko*,[103] de Aphra Behn, haviam se insinuado na literatura antiescravagista, fazendo do *negro romântico* um personagem fora do comum, ela se recusa a dotar *Ourika* de sangue nobre ou real, a contrapor uma superioridade excepcional[104] a seus semelhantes ignorantes e primitivos, que povoam com frequência os personagens secundários negros da literatura do século XIX: ela evita transformá-la num paradigma de abnegação, velando pelo bem-estar de seus "benfeitores", ou, ao contrário, num ser pérfido e violento, ruminando vingança contra os "brancos". Poupa-lhe, sobretudo, a afronta da negra estereotipada de sexualidade vulgar e incontrolável, que ronda o imaginário literário dos contemporâneos,[105] para fazer dessa primeira protagonista negra da literatura francófona um dos personagens problemáticos mais originais e atraentes do século XIX. Ao contrário dos "negros românticos", cuja superioridade atípica poderia confirmar indiretamente a regra da inferioridade da massa de negros, *Ourika* é uma moça bastante "comum" de sua casta – a aristocracia esclarecida anterior à Revolução – à exceção da cor de sua pele, que, diz ela, "nada me advertia que fosse uma desvantagem".[106] Só toma conhe-

---

102 Ibid., p.40.

103 Laplace, *Oronoko ou le Royal Esclave*.

104 Como, por exemplo, *Bug-Jargal*, de Victor Hugo, *Tamango*, de Prosper Mérimée, *Atar-Gull*, de Eugène Sue. Ver também Hoffmann, *Le Nègre romantique: personnage littéraire et obsession collective*.

105 Ao ponto de Gaspar de Pons, que só pensa naquilo, reescrever sua *Ourika*, *l'Africaine*, a heroína de Claire Duras, para transformá-la em "filha de seu país", dominada, apesar de sua educação, por uma sexualidade selvagem, em que o "o sangue dos Otelos ferve sempre nas veias".

106 Duras, *Ourika*, p.36.

A ESCÓRIA DO MUNDO **43**

cimento da "diferença" quando descobre, pela senhora de Beauvau, que se trata efetivamente de uma barreira absoluta, que "a isolaria do mundo" e provocaria "a perda do prestígio que a tinha circundado até então".[107] É o olhar colocado sobre ela que a diferencia dos outros e indica-lhe a incongruência de sua mera existência no mundo requintado. Existência que exige sempre explicações ("convinha explicar bem como uma negra era aceita no círculo íntimo da senhora de B."). E esse olhar inferiorizante da diferença que transtorna sua vida, o leitor o recebe com a mesma brutalidade, uma chicotada, seguindo "de dentro" a narrativa na primeira pessoa, é testemunha, por assim dizer, em "tempo real" da constituição da diferença em fonte de inferioridade e desprezo. Ele segue de perto a lenta descida aos infernos da jovem negra massacrada, não apenas pela intolerância da sociedade em que se sente, de repente, "deslocada", mas também pela condescendência insultante de seus "amigos" e "benfeitores".

Vários comentadores enfatizaram, com razão, a surpreendente convergência que apresenta esse processo de desintegração, descrito por Claire de Duras em 1823, com a análise de Frantz Fanon, em *Pele negra, máscaras brancas*. Como "negro inferiorizado" pela imagem de si que lhe relega (e ensina-lhe com insistência) a sociedade branca, *Ourika* irá da "insegurança humilhante à autoacusação, até o desespero".[108] Do medo obsedante de ficar sozinha e "perseguida pelo desprezo" ao pesadelo de se casar com um homem que, por dinheiro, aceitaria talvez que seus filhos fossem negros,[109] Ourika passa a uma violenta aversão de si mesma:

> Meu rosto me fazia horror, não ousava mais me olhar no espelho; quando meus olhos pousavam em minhas mãos negras, pensava ver as de um macaco; exagerava minha feiura, e essa cor parecia-me o signo de minha reprovação; ela é que *me separava de todos os seres*

---

107 Ibid., p.37.
108 Fanon, op. cit., p.68.
109 Duras, op. cit., p.37.

44 ELENI VARIKAS

de minha espécie, que me condenava a ficar só, sempre só! nunca amada! Um homem, por dinheiro, aceitaria talvez que seus filhos fossem negros! Todo meu sangue se revoltava com indignação a esse pensamento.[110]

Essa fenomenologia da humilhação, capaz de despertar a empatia do leitor, revela o que existe por trás dessa experiência ímpar de racialização – elucidação ainda mais eficaz pela dupla condição de negra e mulher, de *negro no feminino*: "Quem gostaria de casar com uma negra?". A questão não é saber simplesmente se Ourika quer se casar, e sim: "quem aceitaria que seus filhos fossem negros"!

Para além das preocupações de uma aristocracia obcecada pela pureza da linhagem, o sinistro senso comum da questão chama a atenção para o racismo codificado durante séculos e para a estrutura do preconceito que subtende o sistema racista. A questão não é somente a escravidão no além-mar, restabelecida por Napoleão em 1802, mas seu corolário invisível, o racismo metropolitano, instituído por uma regulamentação draconiana reforçada ao longo do tempo. Essa visa, como demonstra uma carta ministerial citada pelo abade Grégoire alguns anos mais tarde, a "não enfraquecer o estado de humilhação atribuído *à espécie, em qualquer grau em que se encontre*".[111] Daí decorre a perda imediata de função ou título de "qualquer habitante que se case com uma negra ou mulata", em vigor desde 1733; a proibição, reiterada por Luís XVI, ao uso de domésticos negros, a fim de impedir a alforria automática na metrópole; e a proibição de entrada na França, que se tornou mais rígida e absoluta sob Napoleão.

Reclusa num deserto existencial povoado por suas angústias e fobias, Ourika tenta, em vão, fugir das marcas da abjeção, cobrindo espelhos, usando luvas e vestimentas que escondem a pele. Pensa em voltar ao país de seus antepassados, mas "lá também estarei isolada:

---

110 Ibid., p.38. Grifos meus.
111 Grégoire, *De la Noblesse de la peau ou Du préjugé des blancs contre la couleur des Africains et celle de leurs descendants noirs et sang-mêlé*. Grifos meus.

A ESCÓRIA DO MUNDO **45**

quem me escutaria, quem me compreenderia? Pobre de mim! Não pertenço mais a ninguém".[112]

Separada da sociedade em que foi educada pela barreira da cor e da sociedade de suas origens pela posição de classe e educação, ela "não pertence mais a ninguém" e se sente *"estrangeira a toda a raça humana"*.[113] Dessa "maldição da pele"[114] ela não pode falar a ninguém, nem a Charles, companheiro e amigo de infância. Quando descobre que ele ama outra mulher, adoece e decide se retirar num convento. É lá que conta sua história ao médico (e, ao mesmo tempo, ao leitor) que cuida dela, antes de "cair com as últimas folhas do outono".[115]

Esquecida até muito recentemente,[116] essa novela notável de Claire de Duras conheceu um breve porém verdadeiro triunfo no momento de sua publicação. Fez furor nos círculos literários e salões franceses, mas também nos estrangeiros, como indica a correspondência do grande viajante Humboldt, durante os anos 1824-1826. Várias vezes reimpressa em 1824, plagiada na França e no estrangeiro, traduzida em inglês, espanhol e russo, comoveu Goethe até as lágrimas, impressionou Walter Scott e Chateaubriand e foi denunciada pelos escravagistas martinicanos. Inspirou poemas razoavelmente medíocres, retratos mais interessantes e teve, no teatro, várias adaptações em 1824.[117] Publicada em São Petersburgo no mesmo ano, parece que sua leitura inspirou Pushkin a falar em seu romance *O negro de Pedro, o Grande* de seu avô, Abraham Hannibal,[118] pequeno escravo africano, vendido ao czar da Rússia e que mais tarde se tornou alto dignatário do exército russo. *Ourika*

---

112 Duras, op. cit., p.38.

113 Ibid. Grifos meus.

114 Segundo a expressão de Somdah, Ourika ou l'univers antithétique d'une héroïne, *LittéRéalité*, v.8, n.2, p.59.

115 Duras, op. cit., p.64.

116 Especialmente *Ourika. An English Translation*, trad. John Fowles, 1994 e *Ourika de Madame de Duras*, estudo e apresentação de Roger Little, 1998.

117 Entre elas: Merle, *Ourika ou l'Orpheline africaine, drame en un acte et en prose*; Courcy, *Ourika ou la Négresse*; Piccinni, *Ourika ou la Petite Négresse*.

118 Gnammankou, *Abraham Hanibal: l'aïeul noir de Pouchkine*.

46 ELENI VARIKAS

também deixou marcas em *La Tragédie du roi Christophe* [A tragédia do rei Christophe], de Aimé Césaire, e em *La Migration des coeurs* [A migração dos corações], de Maryse Condé.[119] Apesar do esquecimento em que caiu, *Ourika* ocupa um lugar privilegiado, um papel importante na genealogia que nos interessa; introduzindo "na literatura da Restauração o personagem trágico do Negro situado entre dois mundos, que a cor da pele rejeita da sociedade dos Brancos como um *pária*",[120] anuncia – e associa ao imaginário do pária – o problema da "dupla consciência" a que W. E. B. Du Bois dará uma profundidade teórica e política poderosa no século XX. Longe de sugerir a ideia de "que teria sido melhor, para sua felicidade, deixar a jovem negra em seu lugar",[121] a novela tematiza um impasse propriamente moderno, que se ligará, até nossos dias, a essa figura: a de uma sociedade que mesmo fazendo nascer "esperanças" quanto à possibilidade de cada um(a) "encontrar seu lugar", mostra "que resta[ria] ainda muito desprezo"[122] para os que nascem do lado ruim do universal.

Paralelos em silêncio

> *I am an Atom*
> *A nothing left in darkness, yet I am an identity*
> *I wish & feel & weep & groan.*[123]
>
> William Blake

> *Conviva excluído da mesa de Deus.*
>
> Casimir Delavigne

---

119 Little, Reflections on a Triangular Trade in Borrowing and Stealing: Textual Exploitation in a Selection of African, Caribbean, and European Writers, *French Research in African Literatures*, v.37, n.1, p.20.

120 Chalaye, La Face cachée d'Alexandre Dumas, *Africultures*.

121 Ibid.

122 Duras, op. cit., p.42.

123 Trad.: "Sou um átomo/ Um nada abandonado na obscuridade, e no entanto sou uma identidade/ Eu desejo & sinto & choro & gemo". (N. T.)

As promessas descumpridas da universalidade dos direitos estão, assim, no centro do imaginário do pária, que escande experiências inéditas de opressão e hierarquia e, ao mesmo tempo, dá-lhes uma forma de expressão. Essas experiências nem sempre correspondem a relações sociais e a configurações políticas novas: o triunfo da "aristocracia do comércio" (Wollstonecraft) na Inglaterra antecede em pelo menos dois séculos o surgimento "da gente merceeira" (Sand) na França pós-revolucionária, assim como a perda de personalidade jurídica da mulher casada, pelo princípio da *feme covert*, antecede em pelo menos um século o Código Napoleônico. Mas vemos surgir e desenvolverem-se percepções bastante semelhantes de hierarquia e exclusão, que, deslegitimadas pela ideia de igualdade de tudo que tem um rosto humano, são vistas desde então como um aviltamento, uma degradação. A necessidade de falar na primeira pessoa, de expressar uma individualidade negada e, no entanto, fortemente ressentida, explode nos anos 1830. É testemunho a multiplicação das práticas de "confissão laica" e das profissões de fé ritualizadas no seio dos movimentos da utopia socialista, em especial entre os são-simonianos[124] (e, sobretudo, entre as são-simonianas), nas obras estudadas por Rancière em *La Nuit des prolétaires* [As noites dos proletários], ou nas páginas abertas em 1834 pelo *Pioneer*, jornal oficial dos owenistas, para permitir a expressão das "queixas das mulheres".[125] Em 1838, Flora Tristan, no prefácio de *Peregrinações de uma pária*, escreve:

> Que as mulheres cuja vida foi atormentada [...] façam falar de sua dor; exponham a infelicidade que sentiram, após a posição que as leis lhes deram e os preconceitos a que estão acorrentadas, mas principalmente que elas *nomeiem* [...] que qualquer indivíduo,

---

124 Riot-Sarcey, *La Démocratie à l'épreuve des femmes: trois figures critiques du pouvoir, 1830-1848*.

125 Com relação a esse jornal, o mais difundido entre a classe operária inglesa, conforme Taylor, *Eve and the New Jerusalem: Socialism and Feminism in the Nineteenth Century*, p.96-101.

48 ELENI VARIKAS

enfim, que tenha visto e sofrido, *nomeie* aqueles dos quais se queixa.[126]

Alguns anos mais tarde, a pequena Jane Eyre, heroína de Charlotte Brontë, assim apostrofa seu primo John Reed: "Dá-me a impressão de um assassino, um mercador de escravos, um imperador romano".[127] A designação do opressor passa por comparações e metáforas, em especial as da escravidão. Não há nome próprio para designar essa subordinação, e ela se expressa tomando emprestados os nomes de outras categorias oprimidas, mais visíveis e universalmente reconhecidas como tais no universo cultural de seu tempo. Brontë nos revela, efetivamente, a origem de sua fonte: "Tinha lido a *Histoire de Rome* [História de Roma], de Goldsmith, e formado opinião sobre Nero, Calígula etc. Tinha também feito paralelos em silêncio, que nunca pensei em exprimir assim em voz alta".[128]

Desses paralelos silenciosos procede a figura do pária, mas também a do *escravo* e do *hilota*, que proliferam na primeira metade do século XIX. À diferença do escravo que, desde o século XVI inglês, representa a metáfora contra a qual se define a liberdade dos modernos,[129] o uso do hilota é mais raro. Essa palavra remete à posição dos escravos de Esparta, tal qual é difundida na literatura das Luzes, que denuncia a sorte cruel que os espartanos reservavam às populações pré-dóricas e messenianas escravizadas: "Esses carniceiros de seus domésticos, de seus agricultores, de seus compatriotas úteis, de seus valentes companheiros de batalha",[130] eis os termos em que uma correspondência fictícia, editada no século XVIII por Philip York, conde de Hardwicke, tratava da sorte cruel e racionalmente incompreensível imposta aos hilotas por seus mestres. Como outros

---

126 Tristan, Pérégrinations d'une paria, apud Desanti, op. cit., p.198. Grifo meu.
127 Brontë, *Jane Eyre*, p.3.
128 Ibid.
129 Varikas, L'institution embarrassante. Silences de l'esclavage dans la définition de la liberté moderne. *Raisons Politiques*, n.11.
130 *"These butchers of their servants, their husbandmen, their useful fellow-citizens."*

helenistas das Luzes, ele referia-se a um episódio sinistro, relatado por Tucídides: temendo uma revolta dos hilotas, os espartanos selecionaram 2 mil dentre eles, deixando acreditar que iriam alforriá--los: ornados com uma coroa, visitaram os santuários como libertos. Pouco depois, desapareceram e ninguém soube de que modo cada um deles havia sido eliminado.[131] Se, como nos diz Jean Ducat, essa história é de fato provável, o tratamento que ela descreve não era representativo da condição do hilota, mas uma expressão extrema do desprezo ritualizado que era sua sina. A particularidade dos hilotas, cujo trabalho era menos massacrante e a condição econômica melhor do que a de outros escravos gregos, estava num dispositivo altamente ritualizado de desprezo simbólico e estrutural – um tipo de "guerra ideológica" visando a afastá-los de maneira radical, não apenas da condição de cidadão, mas também de humano simplesmente, uma arma eficiente da qual o assassinato organizado seria uma consumação extrema.[132]

Ora, uma das fontes que alimentou a indignação das Luzes diante da condição dos hilotas foi Míron de Priena, historiador do século III antes de nossa era, que se exprime assim:

> Os hilotas são obrigados aos trabalhos mais ignominiosos e degradantes. São forçados a usar um boné de pele de cachorro e a se vestirem com a pele dos animais; aplicam-se a eles, todos os anos, um certo número de golpes, sem que tenham cometido nenhuma falta, apenas para lembrá-los de que são escravos; ainda mais, se ultrapassam a medida de vigor que convém aos escravos, são punidos com a morte, e aplica-se a seus mestres uma multa por não terem sabido frear seu desenvolvimento.[133]

---

131 Conforme os dois primeiros capítulos de Vidal-Naquet, *Les Assassins de la mémoire*.

132 Ducat, *Les Hilotes*.

133 Id., Le Mépris des hilotes, *Annales ESC*, n.6, p.1454.

Isso esclarece por que esse termo se confunde frequentemente com o de pária. O "desprezo institucionalizado" caracteriza as duas condições: basta pensar nos famosos "sinais distintivos"[134] dos judeus antes da Revolução, dos criminosos, mas também dos escravos negros na regulamentação da escravidão antes e depois da Revolução. Na Alemanha, onde hilota significa escravo de Estado, o sentido metafórico designava, desde o século XVIII, aqueles que ocupavam os escalões mais baixos da hierarquia, em especial os judeus, mesmo se o pária parece prevalecer a partir do século XIX. Em grego moderno, hilota remete principalmente a trabalho exaustivo e à dependência de alguém, em geral uma mulher, tratada como burro de carga. Na França dos anos 1830 e 1840, designa cada vez mais a exclusão da cidadania dos operários e mulheres, assim como, embora mais raramente, escravo e pária.

> Querem que elas sejam *hilotas* da República? Não, cidadãos, não queremos; as mães de seus filhos não podem ser escravas.[135]
>
> Eis aqui minha utopia, sonhada logo após fevereiro [de 1848] [...] eu queria inflamar as consciências, não visava, de forma alguma, ressuscitar uma república de espartanos, mas sim fundar uma república sem *hilotas*.[136]

A associação do pária à exigência de uma real aplicação do princípio da universalidade se reforça, com efeito, nas lutas pelos direitos políticos e pelo sufrágio universal. A partir de 1842, a palavra é referenciada pelo *Dictionnaire politique* [Dicionário político] como um substantivo que se aplica "aos proletários de nossa sociedade que *não tenham posição reconhecida na hierarquia política*, que estejam *fora* de todos os direitos do cidadão".[137] Seu uso culmina nos

---

134 Ibid.
135 Deroin, *La Voix des femmes*.
136 Trecho da defesa de Auguste Blanqui diante da Alta Corte de Bourges. Audiência de 31 mar. 1849.
137 Duclerc, *Dictionnaire politique, encyclopédie du langage et de la science politique*. Grifo meu.

A ESCÓRIA DO MUNDO **51**

discursos revolucionários de 1848 e na linguagem política do feminismo, em que destaca a impostura de um sufrágio que se declara *universal*, embora metade da população esteja excluída dele: "Assim, pobres mulheres da República de 1848, que tem a missão de abolir privilégios, haverá párias, e esses párias serão vocês".[138] Alguns anos depois, Friedrich Engels se serve do termo para denunciar a "destruição" do sufrágio universal, que fez dos operários franceses "o que eram no tempo de Luís Filipe: párias políticos, sem direitos reconhecidos, sem voto, sem fuzis". Durante o caso Dreyfus, esse uso irrompe da pena dos dreyfusistas, em particular Bernard Lazare, fazendo do pária o símbolo desse antissemitismo virulento que o destino do capitão judeu desnuda em plena Terceira República.[139]

O pária remete à escravidão, à subjugação, à ideia de uma situação objetiva – um sistema de exploração econômica e exclusão política –, mas contém ainda uma forte carga de subjetividade e intersubjetividade ligadas às percepções que a sociedade tem dele. Vê-se neste trecho de *Peregrinações de uma pária* que contém os três termos: "Mas, se a escravidão existe na sociedade, se há hilotas em seu meio, se *preconceitos religiosos e outros reconhecem uma classe de párias* [...]".[140] São os "preconceitos religiosos e outros" que especificam aqui o uso de pária, acrescentando às barreiras legais outras invisíveis ainda mais eficazes porque enraizadas em práticas, comportamentos, crenças. Num trecho de *L'Union ouvrière* [A união operária], que representa talvez a definição mais célebre, mais bem divulgada e também a mais marcante de pária, Flora Tristan assim fala:

> Até o presente, a mulher não teve nenhuma importância nas sociedades humanas. [...] O que resultou? Que o padre, o legislador, o filósofo a tratem como *verdadeira pária*. A mulher (é a metade da humanidade) foi posta *fora* da igreja, *fora* da lei, fora da sociedade

---

138 *La Voix des femmes*, 26 abr. 1848.
139 Apud Texier, *Révolution et démocratie chez Marx et Engels*, p.312.
140 Tristan, op. cit., apud Desanti, op. cit., p.195-6. Grifo meu.

[...] O padre lhe diz: "Mulher, você é a tentação, o pecado, o mal; você representa a carne – quer dizer, corrupção, podridão. Chore sua condição, cubra a cabeça com cinzas, feche-se numa clausura e, ali, macere seu coração que é feito para o amor, e suas entranhas de mulher que são feitas para a maternidade. E quando tiver mutilado seu coração e seu corpo, ofereça-os sangrentos e ressecados a seu Deus para a remissão do *pecado original*, cometido pela sua mãe Eva".[141]

A exclusão é estreitamente ligada à abjeção, ao sentimento de rejeição, de vergonha, de mácula que contamina, da crueldade punitiva de que o pária é objeto. Ele é aquele, aquela, em cuja fronte "a palavra vingança estava por toda parte escrita", para citar *Hernani*. Essa é a dimensão subjetiva do banimento da humanidade, resultante da legitimação de uma exclusão legal que comunica poderosamente a metáfora do pária:

> Depois, disse-lhe o legislador: "Mulher, por si mesma, você não é nada como membro ativo do corpo humanitário, não pode esperar um lugar no banquete social. É preciso, se quiser viver, que sirva de anexo a seu senhor e mestre, o homem". Em seguida, o filósofo sábio lhe disse: "Mulher, foi constatado pela ciência que, por sua organização, você é *inferior* ao homem [...] enfim, você é um ser fraco de corpo e espírito, pusilânime, supersticioso" [...] Eis, após 6 mil anos que o mundo existe, a maneira como os sábios dos sábios julgaram a *raça mulher*.[142]

Note-se assim que os preconceitos "religiosos e outros" não são meramente residuais ou arcaicos. Por um lado, as crenças cristãs (seguidas, numa longa lista, pelas crenças de um grande número de religiões) ladeiam as da misoginia cientificista, em plena ascensão no discurso médico e científico da época, mobilizado cada vez mais

---

141 Id., *L'Union Ouvrière*, p.185-7. Grifos meus.
142 Ibid.

A ESCÓRIA DO MUNDO **53**

para silenciar as objeções dos que tomam ao pé da letra o universal humano. Por outro lado, o legislador que é denunciado não é o legislador grego ou romano, mas o do Código Civil.

Filha ilegítima de um aristocrata peruano, sem recursos, unida por toda a vida a um marido violento que ela abandonou, Flora Tristan é, de muitas maneiras, uma dessas incontáveis párias geradas pela mistura tóxica do Código Civil com a proibição de divórcio (reintroduzida pela Restauração), que condena as mulheres à alternativa celebrada por Proudhon: dona de casa ou cortesã. Desertora de uma sociedade que "constringe" as mulheres "nas afeições menos constringíveis de nossa natureza", em outras palavras, "uma sociedade organizada pela dor, onde o amor é instrumento de tortura",[143] ela é obrigada, para não ser tomada por prostituta e encontrar um teto para morar com os filhos, a passar por viúva. Perseguida pelo marido, presa pela polícia a mando dele, vítima de uma tentativa de assassinato pelo mesmo marido que ela acusa de ter raptado e abusado da filha, transforma-se, no curso de um processo retumbante, "de vítima em acusada". Representante notória desse "monstro do século XIX", que é a mulher-autora,[144] ainda por cima mulher-autora-política – como sua predecessora britânica, a quem presta uma homenagem comovente –, torna-se, ela também, *unsex'd* para a opinião conservadora, mas também aos olhos de seus amigos socialistas, que a teriam preferido em seu devido lugar, e que a excluíram, apóstola fourierista que era, do primeiro banquete comemorativo após a morte de Fourier.

"Um dia, os párias serão aceitos no grande banquete da humanidade",[145] escreveu ela a Victor Considérant, utilizando justamente essa imagem cara a seus amigos socialistas. A proibição da comensalidade é um desses "paralelos silenciosos" que se "exprimem na metáfora do pária, assim como outras dimensões da

---

143 Desanti, op. cit., p.70 e 176.
144 Ver a esse respeito a obra de referência de Planté, op. cit.
145 Tristan, *Lettres*, p.79. Em relação à exclusão das mulheres dos banquetes republicanos e socialistas, ver Lalouette, Les Femmes dans les banquets politiques en France (vers 1848), *Clio*, n.4.

condição do intocável que advêm da oposição entre *puro e impuro*".

Com efeito, Tristan é a primeira a enunciar e expor o que a Sociologia define atualmente como a "feminização" das profissões, esse fenômeno sem nome que faz baixar os salários, assim que as mulheres "entram" num novo ramo de atividade.

O pária não é, pois, apenas uma figura da exclusão política e social. Num sistema de legitimação que faz da humanidade comum a origem da igualdade de direitos, o não reconhecimento de seus direitos faz pesar uma suspeita sobre sua plena e completa humanidade e tende a associar à sua inferioridade social uma inferioridade antropológica. Falando do Concílio de Mâcon, que teria concluído, por maioria de três votos, que as mulheres têm alma, Flora Tristan escreveu: "[...] três votos a menos e a mulher teria sido reconhecida como integrante do reino dos animais selvagens e, assim sendo, o homem, mestre, senhor, teria sido *obrigado a coabitar com o animal selvagem!* Esse pensamento faz tremer e congelar de horror!".[146]

Como a heroína de Charlotte Brontë, ela por sua vez também cita sua fonte, que não é ninguém menos do que Fourier.[147] Muito popular nos círculos da utopia socialista, essa lenda, que remonta ao século XVI, é inexata. Veio, como sublinham com insistência os comentários cristãos atuais, de um debate a respeito da palavra *homo*: se, em latim, ela significa "ser humano" ou "homem adulto". Essa confusão semântica forneceu, na Silésia do século XVI, tema para um libelo, ridicularizando os socinianos, dissidentes religiosos que recomendavam a leitura literal da Bíblia, fazendo que dissessem que "só machos adultos têm alma". O libelo, no entanto, é tomado em seu "primeiro sentido", provocando uma controvérsia que originou o mito de Mâcon, que, embora fosse um mito, não deixou de fazer história. Com efeito, o que nos interessa nele – uma vez restabelecida a verdade histórica – é o que tornou possível o fato de que essa sátira tenha sido repetida e reeditada em versões cada vez mais misóginas, o fato de que tenha sido levada suficientemente a

---

146 Tristan, *L'Union Ouvrière*, p.185.
147 *La Phalange*, 21 ago. 1842.

A ESCÓRIA DO MUNDO **55**

sério para suscitar uma primeira refutação e, enfim, o fato de que tenha dado lugar a uma das duas grandes controvérsias, que, na aurora da Modernidade, colocam em dúvida a verdadeira humanidade das minorias majoritárias: a disputa sobre a humanidade dos índios da América (Valladolid, 1550-1551) e a controvérsia sobre a "alma das mulheres". Durante quase dois séculos, dará não apenas a ocasião, mas também os termos de confrontações sobre a igualdade intelectual, moral e política dos sexos. No meio do século XVII, à questão de saber se as mulheres têm alma acrescenta-se a de saber se pertencem à mesma espécie que os homens, como indica o título de um panfleto publicado em 1647, em Lyon.[148] A reação mais radical a essa nova formulação, e uma das refutações mais virulentas do século XVII, foi a da filósofa Arcangela Tarabotti,[149] freira enclausurada contra sua vontade, próxima dos libertinos venezianos chamados Incogniti e autora de escritos magníficos como *L'Enfer monacal* [O inferno monástico] e *La Tyrannie paternelle* [A tirania paterna] (1654). Não é possível saber se Flora Tristan conhecia a história dessa diatribe e de sua autora, que do fundo de seu claustro denunciou a prática do monacato forçado (*monacazione forzata*) imposto às jovens e gritou alto e forte que elas "são exatamente da mesma espécie que os homens" – suficientemente forte para que seus escritos fossem incluídos no Índex.[150] Mas os termos dessa disputa, substituídos pelas tradições libertinas e anticlericais das Luzes, estavam certamente na ordem do dia e faziam sentido no momento em que o Código Civil, excluindo metade da população dos direitos do homem, destacava no *presente* a "confusão linguística" que identifica ser humano (*homo*) ao macho adulto (*vir*).

---

148 Plato (pseudônimo de D'Argonne), *Che le donne non habbino anima e che non siano della specie degli uomini, e vienne comprobato da molti luoghi della Scrittura santa.*

149 Tarabotti, *Che le donne siano della spezie degli uomini: Women Are no Less Rational than Men.* Ver também Bettini, *Il teatro e la memoria.* In: Totaro (org.), *Donne filosofia e cultura nel Seicento*, p.51-9.

150 Ibid.

56 ELENI VARIKAS

Flora Tristan aprofunda a situação *sui generis*, dentro/fora, da exclusão do pária e, mais especialmente, a antinomia fundamental que faz as mulheres representarem uma heterogeneidade impura e radical sendo, ao mesmo tempo, a condição de existência da comunidade:

> [...] deve ser tema profundo de dor para *os sábios dos sábios* pensar que descendem da *raça mulher.* [...] Que vergonha para eles serem concebidos no ventre de semelhante criatura, ter sugado seu leite e permanecido sob sua tutela uma grande parte da vida. Oh! É bem provável que, se esses sábios tivessem podido colocar as mulheres *fora da natureza*, como as puseram fora da Igreja, fora da lei, fora da sociedade, teriam se poupado *a vergonha* de descender de uma mulher.[151]

O vocabulário de mácula e vergonha, o uso de palavras tais como "criatura" e "raça", que invadem o léxico do uso de pária na primeira pessoa, enfatizam a violência subjetivamente vivida "dos preconceitos religiosos e outros", que remetem o pária a uma alteridade tão radical que ele parece pertencer a outra espécie. Se o uso de "raça", que observávamos em William Blake, indica a que ponto a instituição da escravidão moderna já é, na primeira metade do século XIX, uma poderosa metalinguagem do "banimento" da humanidade, também oferece ao pária, e principalmente à pária, imagens e palavras para tentar "nomear" o inominável, pensar o impensável. O "pensamento cai sobre a metáfora", ou, o que dá na mesma, a metáfora "aflora ao pensamento no momento em que o sentido" de uma mutação "tenta sair de si mesmo para dizer-se, enunciar-se, erguer-se à luz da língua":[152] a mutação que transforma um preconceito religioso de longa data em "maldição da natureza", que será em seguida fundamentada na "razão". O paradoxo que apresenta os detentores de semelhante razão ("os sábios dos sábios") como

---

151 Tristan, op. cit., p.185-6.
152 Derrida, *Marges de la philosophie*, p.277.

A ESCÓRIA DO MUNDO **57**

produtos de uma espécie de parto monstruoso, nascidos de criaturas que eles consideram desprezíveis, é – graças ao dispositivo semântico da palavra raça – transportado "diante de nossos olhos", como diria Aristóteles, e levado a consequências extremas. Pode-se pensar que a ideia de colocar as mulheres "fora da natureza" seja, nessa época que desconhece a ecografia, algum tipo de delírio. Mas se trata de um delírio produtor de sentido, pois permite dizer de maneira polêmica que, ao contrário da transgressão de leis religiosas que permitiam (pelo menos teoricamente) ao apóstata reconhecer o erro do retorno à comunidade humana, a transgressão de leis da natureza desemboca na solidão do híbrido, do anormal, do monstruoso.

Na constituição da figura do pária como tropo – ou subjetividade – do humano desumanizado, a impureza da "raça", a do sexo, a do gênero encontram-se firmemente imbricadas, na esteira das elaborações modernas, científicas e políticas, da distinção *puro-impuro*, *são-degenerado*, *civilizado-selvagem*. Se a heterossexualidade bem organizada no contexto do casamento é a garantia de coesão da comunidade moderna – quer dizer, do Estado-nação composto por chefes de família proprietários –, a pureza racial também é, desde o início, um componente político poderoso, construído durante séculos de regulamentações racistas e discursos médicos, como mostrou Elsa Dorlin.[153] Na França, ela o será, mais explícita e massivamente, no século XIX, após a colonização, mas também pelo progresso e popularização do discurso do higienismo e das Ciências Sociais. Discurso em que se encontram, a todo momento, espécimes dessa menor ou sub-humanidade, justapostos uns aos outros, conforme o grau de suas deficiências nas comparações "científicas" e nas mensurações dos crânios que vão dos macacos aos mais civilizados dos mortais. Ainda hoje encontram-se traços desse discurso nos clássicos das Ciências Sociais, como este trecho de Durkheim, que afirma a falta de individualidade e diferenciação das raças inferiores indicada pela:

---

153 Dorlin, *La Matrice de la race*.

58 ELENI VARIKAS

diferença de volume entre os crânios masculinos adultos maiores e os crânios menores é, em números redondos, de 200 *centímetros cúbicos no gorila*, de 280 *centímetros cúbicos nos párias da Índia*, de 310 centímetros nos australianos, de 350 nos antigos egípcios, de 470 nos parisienses, de 700 nos alemães.[154]

Há até mesmo alguns povoados em que essas diferenças são nulas. "Os andamaneses e os todas são inteiramente semelhantes. Pode-se dizer quase o mesmo dos groenlandeses. Os cinco crânios de patagônios que o laboratório do senhor Broca possui são idênticos."[155]

O papel estratégico do controle das mulheres na conservação dessa superioridade civilizada reforça os preconceitos "religiosos e outros" sobre o caráter poluente da sexualidade feminina fora de controle e gera delírios que alimentam o imaginário racial do pária. Basta pensar na novela de August Strindberg, chamada *Tschandala*[156] (1897), na qual Eva é a mãe de todas as criaturas sub-humanas, judeus, ciganos, negros. Muito influenciada por Nietzsche, essa novela provavelmente inspirou o sinistro Joerg Lanz von Liebenfels; em sua *Theozoologie*,[157] publicada pela primeira vez na Áustria, em 1905, ele define o *Tschandala*, quer dizer, o pária, como o produto da mistura da raça ariana, nascida... dos elétrons divinos com a dos macacos, e propõe, como remédio para essa doença, a esterilização dos geneticamente inaptos, a exterminação dos *Tschandalen* e a produção da raça loira ariana. Na origem da degenerescência da raça ariana, o pecado original reformulado faz

---

154 Durkheim, *De la division du travail social*, p.50 e 99. O trecho citado pelo sociólogo francês vem de Le Bon, *L'homme et les societés, leurs origines et leurs développement*, p.193. Grifos meus.

155 Ibid., p.113.

156 Strindberg, *Tschandala et autres nouvelles*.

157 Liebenfels, *Theozoologie oder die Kunde von den Sodoms-Äfflingen und dem Götter-Elektron*. Conforme Goodrick-Clarke, *The Occult Roots of Nazism: Secret Aryan Cults and Their Influence on Nazi Ideology*.

A ESCÓRIA DO MUNDO 59

de Eva uma divindade deposta por ter copulado com um demônio: daí... a preferência das mulheres loiras arianas por homens negros. Secularizada, a vergonha que a tradição cristã ligava à sexualidade feminina e ao pecado original funciona como lembrança do estigma ligado à "raça mulher", e desfaz a ameaça que significava para a ordem social o rumor de que os humanos nasceriam livres e seu corpo lhes pertenceria. Marca o corpo feminino com a culpabilidade característica que o designa como origem de desordem moral. E isso mesmo quando esse corpo é vítima, como no caso de *Mathilda*, a heroína do romance de Mary Shelley, que não se atreve a falar do desejo incestuoso do pai, e diz-se assombrada pelo "medo devastador de que, na realidade, eu fosse uma criatura marcada por ferro em brasa, uma pária, boa apenas para morrer".[158] Por focalizar os temores da indiferenciação e da perda de controle sobre grupos "cuja casta define como inferiores, mas que exercem funções essenciais",[159] a sexualidade é um lugar privilegiado de experiências indizíveis que a figura do pária deixa "pintar" e "pôr em cena". Indizíveis porque, precisamente, nomeá-las seria colocar-se fora da natureza – monstro do sexo ou do gênero. Ora, numa sociedade que, sem deixar de fazer o elogio da liberdade individual, deseja subjugar os seres humanos até a dimensão mais profunda de sua individualidade, a sexualidade torna-se também um lugar importante de dissidência. Um lugar de expressão da soberania do desejo e da autodefinição das necessidades em que se afirma, com Claire Démar, que "nenhuma mácula pode se ligar às operações da natureza", que "qualquer natureza, qualquer vontade é santa e boa e quer satisfação".[160]

É nessa dupla dimensão da subjugação à tirania da heterodefinição e da resistência que a dissidência sexual vai alimentar o repertório do pária até os dias de hoje. A mistura inextricável de

---

158 Shelley, *Mathilda*.
159 Douglas; Guérin; Heusch, *De la Souillure: essais sur les notions de pollution et de tabou*, p.140-58 e *Douglas, The Lele of the Kasaï*, p.63-84 e p.113-27.
160 Démar, Ma loi d'avenir. In: *L'Affranchissement des femmes*, p.67 e p.72.

60 ELENI VARIKAS

interiorização da abjeção e afirmação desafiante da anormalidade monstruosa enriquece e complica a subjetividade pária e o sentido de errância "entre todas as classes das quais não pode fazer parte".[161] De Claire Démar, a dissidente são-simoniana, a Genet, passando por Proust e Vita Sackville-West, tais subjetividades indizíveis se exploram, se exprimem e finalmente se "nomeiam" por uma postura "autobiográfica". O dispositivo retórico deixa inscrever o eu clandestino em sua historicidade e na "autenticidade" do testemunho na primeira pessoa. Deixa assim reinventar o eu de maneira criadora, atribuindo-lhe uma dimensão ficcional que o inscreve nas tradições discursivas do pária e o tornam, se não nomeável, ao menos inteligível, comunicável. Encontra-se uma das expressões mais eloquentes dessa dualidade em Vita Sackville-West, cuja ligação apaixonada com Violet Trefusis, na Inglaterra puritana do início do século, havia escandalizado os círculos literários e mundanos dos dois lados da Mancha. Em seu diário, que ela pretendia publicar (embora tenha sido seu filho, após a morte da mãe, o responsável pela publicação),[162] aquela que servirá de modelo a *Orlando*, de Virginia Woolf, apresenta-se como *uma pária de natureza pervertida* e um tipo médico-psicológico existente que os leitores reconhecerão (e no qual se reconhecerão), apesar do silêncio hipócrita que envolve seus desejos na sociedade da época. Ela pode, assim, mesmo aceitando o veredito depreciador das normas de gênero e das opiniões "científicas" dos anos 1920, justificar a "anomalia" de sua personalidade e tornar audível a tensão entre um amor conjugal ("puro") e um desejo lésbico impuro (*polluted*). Mas, para além dessa tensão, ao mesmo tempo autêntica e estratégica, desponta o horizonte utópico que desmente a capitulação às normas, a esperança impenitente de que "com o tempo [...] como os sexos cada vez mais se confundirão em razão de sua semelhança crescente, tais ligações deixarão em grande medida de serem consideradas simplesmente anormais; e que serão bem melhor

---

161 Staël, op. cit., p.333.
162 Nicolson, *Portrait d'un mariage (journal de Vita)*.

A ESCÓRIA DO MUNDO **61**

compreendidas, senão no aspecto físico, ao menos no aspecto intelectual", como "já é", diz ela, "o caso na Rússia".[163]

Na figura do pária, assim, cruzam-se a dimensão política e social da *alteridade* que designa (e denuncia) os procedimentos de exclusão do outro, em nome do princípio da unidade do gênero humano, e uma dimensão romântica, porém não menos política, de identidade individual como representação do sujeito revoltado que designa e denuncia o nivelamento ou a repressão das pulsões mais autênticas do indivíduo. Acrescenta-se a autorrepresentação, não isenta de narcisismo, de uma condição individual que, embora ligada à existência de um grupo desprezado ou excluído, é vivida e comunicada no que tem de mais singular e irredutível. O enunciado "Eu sou um pária", a dignidade, até o orgulho que exprime, constitui precisamente a especificidade dessa figura. Por uma inversão dos valores que condenam o pária à inexistência social, faz da rejeição e da abjeção fontes de uma identidade positiva e de sua condição, um caso exemplar. Oferecendo-se como exemplo, o sujeito individual da rejeição coloca-se literalmente em cena, como a prova viva do dano que a sociedade inflige a todos os seus semelhantes. Nada exprime melhor o emaranhamento das dimensões estéticas e políticas do pária como autorrepresentação do que a carta de Flora Tristan ao pintor Traviès, a respeito de seu retrato:

> Considere agora a roupa com que me vestirá, em quais poses serei colocada. Considere, meu caro irmão, que esse será o retrato da *Pária* – da mulher nascida andaluza e condenada pela sociedade a passar a juventude em lágrimas e sem amor! Enfim, dessa pobre mulher assassinada e arrastada diante dos juízes não como *vítima*, mas como *culpada*.[164]

A posição do pária transforma, assim, o destino imposto em escolha ou missão, valendo-se da ambiguidade característica, que,

---

163 Ibid., p.146.
164 Tristan, *Flora Tristan, le Paria et son rêve*, p.102.

62   ELENI VARIKAS

desde Bernardin de Saint-Pierre, confere à marginalidade da vítima uma superioridade moral e cognitiva. Apossando-se da possibilidade constitutiva da genealogia do pária e das contradições que o produziram, o indivíduo poderá reivindicar a alteridade que o põe de lado para se situar no centro.

Ao mesmo tempo imposta e reivindicada, a alteridade do pária e sua posição de vítima são idealizadas, fazendo da necessidade uma virtude, a reclusão na choupana torna-se uma vocação. No romance *Indiana* – denúncia violenta da posição das mulheres na família – George Sand apresenta efetivamente a marginalidade pária como "uma felicidade que não custa nada a ninguém".[165] Da mesma maneira, em *Blanche et Noir*, o primeiro romance que trata, em plena revolução haitiana, do casamento entre um escravo e uma mulher branca, a necessidade de se refugiar "no fundo de uma densa floresta" para viver uma união que não é bem-vista nem por brancos nem por negros, transforma-se em posição de princípio, a "choupana habilmente construída" torna-se a condição prévia de uma vida justa e feliz. É com um espírito semelhante que Petrus Borel, na mesma época, evoca em tom nostálgico a decadência dos comediantes, desde que *deixaram de ser párias* para se tornarem cidadãos.[166]

Despertando interesse e compaixão pelas vítimas de uma injustiça flagrante, a idealização do pária e de "sua choupana" pode também servir de mistificação de sua condição e de álibi moral de sua impotência ao se confrontar com as raízes reais da rejeição e dominação que sofre. Exemplo expressivo nos é fornecido pela "choupana" certamente mais célebre do século XIX, *A cabana do Pai Tomás* (1852). Se o romance de Harriet Beecher-Stowe tornou-se um poderoso manifesto mundial a favor da abolição da escravidão, também reforçou a ambiguidade notória que consiste em fazer a simpatia pelo oprimido depender de sua impotência e incapacidade de resistir.

---

165 Sand, *Indiana*.
166 Borel, *Champavert: contes immoraux*, p.199.

A ESCÓRIA DO MUNDO   **63**

Tematizada muito cedo, essa ambiguidade foi objeto de críticas veementes, atacando a idealização do destino do pária. Poucos anos após a publicação – e um século antes que o *"oncle-tomisme"* se torne o pior insulto no movimento negro pelos direitos civis –, o jornalista e romancista negro norte-americano Martin Delany opôs à descrição em meia-tinta de Beecher-Stowe a agonia e a cólera da escravidão, no romance com o sugestivo título de *Blake or The Huts of America* [Blake ou as cabanas da América].[167] Na França, no *Larousse* de 1874, o autor do verbete "pária" adota estratégia semelhante: opondo à narrativa idílica de *A choupana indiana* os detalhes terríveis das condições reais de vida dos intocáveis, ele fustiga o "hábito vicioso" que "confere aos desfavorecidos virtudes excepcionais". Enfatizando a repercussão desastrosa do desprezo e da segregação na capacidade dos párias de "se revoltar contra a injustiça e a tirania", ele afirma que somente uma "verdadeira liberdade" poderia pôr fim em seu aviltamento, permitindo-lhes fundir-se "na nação que por tanto tempo os excluiu de seu seio, em detrimento da justiça e de seus próprios interesses". Essa crítica não deixa de lembrar os argumentos de John Stuart Mill que, alguns anos antes, criticara John Ruskin por sua glorificação da "esfera das mulheres", chamada de maneira característica "o jardim da rainha" (*Queen's gardens*): "afirma-se que as mulheres são melhores do que os homens, cumprimento vazio de sentido que deve provocar um sorriso amargo em todas as mulheres de espírito, pois sua situação é a única em que a ordem estabelecida considera natural que o melhor obedeça ao pior".[168]

Outra variante da ambivalência suscitada pela posição do pária é a compaixão resignada diante de um destino miserável, mas imutável, de que é um exemplo característico este trecho de artigo, publicado em 1830 na *Revue des deux mondes* [Revista dos dois mundos] e assinado como "conto de Noé":

---

167 Delany, *Blake, or The Huts of America*. Publicado ao longo do primeiro semestre de 1859, como romance-folhetim, em *The Anglo-African Magazine*, a revista mensal ilustrada mais popular do espaço público negro antes da guerra civil.

168 Ruskin, *Sesame and Lilies* e Mill, *On the Subjection of Women*. Ver também Millet, *Sexual Politics*, p.90.

Acreditaremos que existe no mundo um país em que uma parte da população é gerada para o aviltamento e destinada por toda a vida ao mais soberano desprezo pelo resto de seus compatriotas? [...] Tal é, no entanto, a verdade. Esse país é a Índia e essa raça a dos Pariahs (*sic*) [...] A distribuição dos indianos em castas deve reproduzir uma alegoria. Assim, a crença que faz surgir os Pariahs indica uma servilidade e tarefas humilhantes às quais os condena um destino irrevogável, o acaso da nascença [...] Nada, entretanto, pode mudar essa situação e tentar seria pôr em perigo a própria tranquilidade do país. O Pariah, infelizmente para a humanidade, será sempre o pária.[169]

Entretanto, a crítica mais virulenta dessa ambiguidade constitutiva deve-se a Nietzsche, que atribui a idealização do pária à influência do espírito moderno e de seus preconceitos democráticos, dos quais a Revolução Francesa foi o ponto culminante. O que ele chama de *revolta pária na moral* remonta, segundo ele, à tradição judaica retomada pelo cristianismo. A "conjuração" dos párias, segundo o filósofo, é um "envenenamento do sangue",[170] semelhante ao... operado pela mistura de raças. Apesar da violência da denúncia, Nietzsche desnuda a ambiguidade constitutiva da figura do pária e critica o método moderno de legitimação, que associa a emancipação à transformação do desprezo de que o dominado é objeto em fonte de superioridade cognitiva e moral.

É porque o pária é produto dessas tensões constitutivas da modernidade, e tem a capacidade de fazê-las articularem-se e dialogarem nas configurações mais diversas, que ele adquire seu potencial proteiforme. Sua plasticidade se presta à representação das relações de poder e de hierarquia de naturezas e origens diferentes.

Ao longo dos dois últimos séculos e até nossos dias, a figura do pária escande os momentos, as formas múltiplas e a descontinuidade da antinomia que a engendrou: o restabelecimento da escravidão, o

---

169 *Revue des deux mondes*, 1830, p.184.
170 Nietzsche, *La Généalogie de la morale*, p.40.

A ESCÓRIA DO MUNDO **65**

Código Civil de Napoleão, a persistência da "cobertura" e da "venda de esposas" na Inglaterra, a exclusão das mulheres do sufrágio dito "universal", a barbárie racista da "Reconstrução" e o terror da Lei de Lynch na América do Norte, as reviravoltas da abolição da escravidão e servidão nos Bálcãs, os vencidos da Comuna de Paris, o caso Dreyfus, a colonização, a caderneta antropométrica dos ciganos. Ela testemunha as práticas de inferiorização e desumanização expurgadas da memória coletiva ocidental, e no entanto adotadas à luz do dia, sobre o próprio solo da Europa. É o caso dos ciganos da Romênia, encontrados por Vaillant nos anos 1850, trabalhando nus, com os pés acorrentados e atrelados a jugos de animais – escravos cujo destino secular era desconhecido das campanhas abolicionistas europeias da mesma época.[171] O dos pigmeus, como Ota Benga, que tendo sido exposto ao lado de chimpanzés e arrancado de seus algozes pelo movimento negro norte-americano, matou-se quando compreendeu que nunca mais voltaria para casa.[172] O dos "indígenas" exibidos ao público civilizado das metrópoles do século XIX e XX, cuja proveniência segue o ritmo da colonização, as exigências da "ciência" e as necessidades financeiras dos museus.[173] Ou, ainda, o dos trabalhadores imigrantes dos anos 1930, "rebaixados a uma situação de párias, privados de qualquer tipo de direito, expulsáveis sem misericórdia".[174] Repertório de experiências pessoais dificilmente comunicáveis, a figura do pária registra e transmite as feridas dos que não podem pertencer plenamente à comunidade humana. Tal o choque do judeu internacionalista Bernard Lazare diante dos gritos de "morte aos judeus"; a solidão petrificada do jovem estudante negro apaixonado pela cultura europeia, W.E.B. Dubois, num anfiteatro de Berlim onde ressoa um discurso sobre a inferioridade

---

171 Vaillant, *Les Rômes: histoire vraie des vrais Bohémiens*, p.409-12. A respeito da escravidão secular dos ciganos nos Balcãs, ver Hancock, *The Pariah Syndrome: an Account of the Gypsy Slavery and Persecution*.

172 Bradford; Blume, *Ota benga: the Pygmy in the Zoo*.

173 Bancel; Blanchard; Gervereau, *Images et Colonies*. Bancel et al. (orgs.), *Zoos humains: de la Vénus hottentote aux reality-shows*.

174 Weil, *La condition ouvrière*.

dos mulatos; a angústia e o terror a que está exposto qualquer adolescente homossexual ontem e hoje.[175]

Se, ao longo do século XX e até hoje, o pária não deixa de vir à superfície, é porque, há séculos, "as mesmas condições fundamentais provocaram e produziram as mesmas reações fundamentais".[176] Assim, ele dá nome ao jornal da União Intercolonial,[177] dirigido por Nguyen Ai Quoc, *alias* Ho Chi Minh, jornal em que colaboraram militantes anticolonialistas argelinos, malgaxes, antilhanos e vietnamitas; surge no discurso de Martin Luther King, ou, ainda, marca os combates atuais dos aborígenes da Austrália (Pariah – People Against Racism in Aboriginal Homelands) e a defesa dos direitos de imigração argelina.[178]

Enfim – último paradoxo de nossa genealogia? –, essa figura se reinventa, com um nome diferente do que recebera dos colonizadores, nos dilemas, dicotomias e tensões que acompanham, no fim do século XX, o combate das castas subalternas indianas, os *dalits*,[179] contra uma discriminação que toma cada vez mais os familiares contornos do racismo colonial. Ela se reinventa principalmente numa literatura indiana, que, na melhor tradição "pária", situa no centro o que foi marginalizado como acessório ou excepcional nos grandes relatos de emancipação (nacionalista e comunista): as situações de opressão tais como se exprimem nas "coisas à toa", nas menores manifestações da barbárie ordinária que esmaga os seres para submetê-los a normas e leis estabelecidas à sua custa. Figuras de pária desenham-se, assim, sob o olhar micrológico de Arundhati Roy, cuja crítica devastadora visa não apenas o sistema de casta, mas qualquer

---

175 Eribon, *Réflexions sur la question gay*, p.99.

176 Arendt, *The Jew as Pariah*, p.68.

177 Fundada em 1921, era composta por militantes comunistas da África, das Antilhas e da Indochina, entre os quais Ho Chi Minh. Conforme também Dewitte, *Les Mouvements nègres en France*. Agradeço a Claude Liauzu por essa informação.

178 "Os argelinos, párias em toda a Europa? Petição por uma legislação mais justa e mais humana a favor dos argelinos", jun. 2000.

179 Nigan, La question dalit comme critique de la modernité. In: Leibovici; Varikas (orgs.), Paria. Une figure de la modernité. *Tumultes*, n.21-22.

A ESCÓRIA DO MUNDO **67**

forma de injustiça (arcaica, colonial, ou ligada às forças neocoloniais da globalização capitalista). A autora chama a atenção para as configurações precisas da "humanidade sofredora" – instantâneos de grandes estruturas e relações sociais no que contêm de mais íntimo e familiar.[180] Como o cronista benjaminiano que "relata os fatos, sem distinguir os grandes dos pequenos",[181] *O Deus das pequenas coisas* demonstra que a diferença entre "grande" e "pequeno" não é uma diferença de tamanho, de escala ou de importância, mas uma diferença de perspectiva, de introdução na experiência que a figura do pária torna possível. A sorte trágica de Velutha, o intocável entregue à polícia por seus próprios camaradas comunistas e espancado até a morte por ter amado uma mulher de alta casta, nada tem de trivial, efêmero ou anedótico. Colocando diante dos olhos a concretude de uma estrutura de poder sustentada pela crueldade desumana das instituições e indivíduos, revela também aquilo que, no cotidiano do real, fala de um outro possível: a resistência obstinada que os seres humanos podem opor à imposição de normas, a capacidade de atravessar, como Ammu, as fronteiras da casta, de desafiar, como os gêmeos Estha e Rahel, não somente as fronteiras do gênero mas também as leis "que decidem quem deve ser amado, como e até que ponto".[182] Com suas histórias na história, sua temporalidade diferente e herança cultural que mobiliza, *O Deus das pequenas coisas* oferece uma verdadeira *perspectiva do interior* sobre a produção contemporânea de uma humanidade fora de lugar – um desses estudos de "humanidade comparada",[183] de que só a literatura é capaz.

A figura do "pária", tal como toma forma com suas histórias e lendas, suas tradições eruditas e plebeias, remete a um grande leque de relações sociais e de posicionamentos individuais e coletivos que são irredutíveis uns aos outros. É, certamente, o motivo para que ela seja estudada no mais das vezes associada à posição

---

180 Roy, *Le Dieu des petits riens*.
181 Benjamin, Sur le Concept d'histoire. In: *Œuvres*, p.429.
182 Roy, op. cit., p.85.
183 A expressão é de Ellison, *Invisible Man*, p.XV.

social de um grupo preciso, esquecendo sua polissemia e sua capacidade de revestir formas diversas de opressão e exclusão. A polissemia e a polimorfia são, no entanto, constitutivas da figura do pária, de sua perenidade e de seu potencial heurístico. Em vez de descartá-las ou tratá-las como imperfeições que comprometem o rigor de um tipo ideal que corresponde a determinada experiência ou posição social, tentaremos compreender a surpreendente plasticidade dessa figura.

O QUE É UM PÁRIA?

> *"Não se aproximem, há um pária aqui!"* Pron-
> *tamente, a massa apavorada gritou: "Um pária?*
> *Um pária!". O médico, pensando que fosse algum*
> *animal selvagem, levou a mão à pistola. "O que é*
> *um pária?", perguntou a seu porta-archote. "É",*
> *respondeu-lhe seu porta-archote, "um homem que*
> *não tem nem fé nem lei".*
>
> Bernardin de Saint-Pierre

"Ver como"

No fim do século XIX, o *pária* já havia se instalado em muitas línguas europeias. Um sucesso obtido à custa, ou, mais precisamente,
pela erosão de seu significado original, como Max Weber observou
nos anos 1910:

> Na boca de um hindu, a expressão estaria totalmente incorreta.
> As castas de Pulayan ou de Paraiyar ("Pária") do Sul da Índia estão
> muito longe de representar o estrato social mais baixo [...] como
> acreditava o abade Raynal [...] Usamos aqui a expressão "pária"

70 ELENI VARIKAS

com base no sentido agora comum na Europa, da mesma forma que falamos de "cádi" no sentido de "justiça de cádi".[1]

A história dessa figura, de que traçamos algumas etapas e momentos genealógicos, é, antes de tudo, um *advento de significação*. Embora projete uma nova luz sobre o processo de produção das categorias hierárquicas e as resistências que esse encontra, não é a história de um grupo particular, ainda que indivíduos e grupos dela se apoderem para reinventá-la incessantemente! Quem é pária? As primeiras "listas" remontam a Bernardin de Saint-Pierre, que cita, no prefácio de sua *Cabana*, os servos feudais, os escravos, os judeus. O abade Grégoire acrescenta "os Párias do continente asiático, vilipendiados pelas outras castas", os "judeus *de todas as cores* (pois em Cochim alguns são negros)", enfim "os católicos irlandeses, atingidos como os Negros por uma espécie de código negro", a Property Law, que, de 1691 ao século XIX, separou os governantes coloniais da maioria "nativa" da Irlanda. Flora Tristan, por sua vez, acrescenta os camponeses da Rússia, os marinheiros da Inglaterra, "as mulheres de toda parte". A lista alonga-se tanto ao fio dos últimos dois séculos que é difícil reconstituí-la de modo exaustivo, e esse nem é o objetivo deste livro. Uma coisa é certa: diz-se pária com várias vozes, de várias maneiras. Levar a sério a polissemia e a polifonia significa deslocar nossa atenção da especificidade de cada grupo estigmatizado para o processo da estigmatização propriamente dito, do problema da diferença – ou da diferença como problema – para o da diferenciação hierárquica.

"O que é um pária?", perguntou o sábio inglês da *Cabana*, levando a mão à pistola para enfrentar o que imaginava ser um animal selvagem. "É", respondeu-lhe seu porta-archote, "um homem que não tem nem fé nem lei". Em vez de se satisfazer com essa resposta, nosso sábio vai se informar sobre o que torna seu pária um pária. Seguindo seu exemplo, reformularemos a questão: *como, com o que se fabrica um pária? Como alguém se transforma em pária? Como*

---

1 Weber, *Hindouisme et bouddhisme*, p.88. Grifos meus.

se faz um pária? Colocar o problema nesses termos significa fugir das respostas prontas e integrá-las ao nosso campo de investigação. Mais precisamente, é evitar um *a priori* cognitivo, frequente quando se trata da figura do pária, que procura mensurar a validade das "analogias" e dos "paralelos" utilizando a escala de uma definição prévia de *casta* supostamente objetiva, porque "científica", ou, pior ainda, que procura avaliar a afiliação de um grupo ao campo semântico do *pária* conforme sua adequação a um tipo ideal ou a uma conceituação precisa dessa figura. Ora, submeter a validade das experiências humanas e das percepções subjetivas do mundo a um patrulhamento de conceitos elaborados na ignorância dessas experiências e percepções é uma concepção de rigor conceitual no mínimo discutível. E seria uma homenagem lastimável à elegância das análises de Max Weber e de Hannah Arendt servir-se de suas conceituações para descartar outras configurações da condição de pária (as mulheres, os negros, os dissidentes sexuais, os aborígenes, os súditos coloniais, os trabalhadores imigrantes) sob o pretexto de não corresponderem a conceitos forjados a partir de outras experiências históricas, no caso as comunidades judias e ciganas. Em vez de nos engajarmos em semelhante diligência tautológica, tentaremos, interrogando todo tipo de ocorrência do pária, explorar as percepções do social, as estruturas de sensibilidade que essa figura fez emergir e as formas de subjetivação que permitiu que se expressassem, emprestando-lhes seu nome, suas histórias, seus dispositivos léxicos e icônicos.

Isso não quer dizer que as conceituações doutas de casta ou de pária nada tenham a nos ensinar. São, pelo contrário, um aporte precioso à condição de considerá-las, simultaneamente, instrumentos de análise e objetos de investigação, que tentam dar conta e, ao mesmo tempo, reinterpretam e ressignificam as "semelhanças" e os "paralelos" que fazem do pária uma metáfora viva. Em suma, elas também fazem parte do processo de metaforização. Certamente, o tipo de verdade que almejam não tem a mesma natureza, por exemplo, da ficção ou do discurso político. No entanto, sua "exterioridade" é toda relativa, pois são produzidas nas mesmas tensões e nas mesmas relações de força. Também não podem se valer de nenhuma superioridade epistemológica, a não ser a que lhes confere o exame crítico de sua adequação ao fenômeno estudado.

Exigir que as "analogias" e os "paralelos" que rondam a figura do pária se inclinem diante das categorias de *verdadeiro* e *falso*, submeter a "raça mulher" de Flora Tristan ou o grito de Sylvia Plath *"The whites are coming"* [Os brancos estão chegando] aos procedimentos de averiguação da prova científica é desconsiderar uma dimensão essencial da figura do pária, seu caráter *figurado*, sua polifonia *metafórica*.

A metáfora não tem de ser "verdadeira" ou "falsa". As analogias que mobiliza, sejam fiéis ou afastadas do protótipo – os sem casta da Índia –, têm, nessa perspectiva, o mesmo valor, pois o que produz o sentido não é a identidade com o protótipo, mas as semelhanças que suscita, o "ver como". Para tomar um exemplo limite, quando Martin Pelletier, autor de *J'ai Choisi la Bête immonde* [Escolhi a besta imunda], fala dos fascistas do pós-guerra como "párias", aos quais Jean-Marie Le Pen teria dado "uma expressão e uma dignidade",[2] sua metáfora é *odiosa*, mas *bem-sucedida*. Ela estabelece retoricamente uma simetria insuportável entre a perseguição e a destruição de judeus e ciganos (párias em quem se pensa nesse contexto) e o desprezo que recai sobre os carrascos e seus colaboradores. Essa simetria contribui para apagar ou banalizar a sombra trágica projetada *a posteriori* sobre a figura do pária pelo genocídio dos judeus e dos ciganos. Mas a manipulação do sentido (da palavra e da história) revela igualmente as ambiguidades relacionadas à plasticidade e à terrível força retórica da palavra pária, de que Pelletier se apodera por sua capacidade de provocar simpatia pelo objeto do desprezo, ainda que o desprezo seja merecido.

Metaforizar bem é "ver o semelhante" *apesar* da diferença. Desse ponto de vista, as aproximações e os mal-entendidos, em vez de invalidar a pertinência dessa figura, devem, pelo contrário, nos interessar, pois revelam em que as sociedades oriundas de revoluções de direito natural, ou fundamentadas na universalidade do direito,

---

2 Radio Courtoisie, 26 jan. 2001.

A ESCÓRIA DO MUNDO **73**

puderam se reconhecer dentro de um sistema social tão estranho ao seu. Como lembra Paul Ricœur, a metáfora não constitui um afastamento em relação à norma, mas um distanciamento do sentido inicial da palavra e de sua ordem lógica, inventando uma nova ordem lógica para "redescrever" a realidade.[3] Nisso reside o potencial criador da figura do pária e seu valor heurístico: ela fornece aos homens e às mulheres o meio de "redescrever" a golpes de paralelos uma realidade social pressuposta nos antípodas do sistema de castas, inventando uma ordem lógica que faz emergir as semelhanças entre esse sistema e as sociedades "igualitárias". Que se trate de designar um indivíduo ou um grupo como pária ou de se autodesignar como tal, esse "ver como" depende de uma apreciação *subjetiva* do sujeito, que estabelece, ele próprio, essa semelhança, seja criando o paralelo, seja o reinterpretando ou o ressignificando. De modo que "ler" a figura do pária não é reencontrar o apelo que se esconde sob o sentido inicial, mas explorar o campo semântico produzido pela tensão entre o sentido inicial e o metafórico. Um campo incessantemente enriquecido por novas interpretações e histórias prontas para fluir nas experiências vividas, até então silenciosas ou inéditas.

Como a metáfora depende não somente do "autor", mas também dos leitores ou espectadores, como sua mobilidade vem da extraordinária capacidade dos seres humanos de reinterpretar, decifrar e reescrever o "semelhante" modelado pelos outros, a figura do pária permite captar essas *estruturas de sensibilidade*, percepções do social e subjetividades em sua transformação e interação.[4] As palavras "que retratam" (cabana, opróbrio, escória, raça maldita, banido, fugitivo, impuro, proscrito, vingança, vergonha), os motivos, as intrigas que dão vida e sentido à figura do pária, reorganizados para descrever, a cada vez, outras situações e outras experiências únicas, interagem e se enriquecem mutuamente, ainda que guardem seu significado ligado a contextos diferentes. Denotam assim uma dinâmica

---

3 Ricœur, *La Métaphore vive*, p.32.
4 Em relação à definição da metáfora como interação ou interanimação, ver Richards, *The Philosophy of Rhetoric*.

surpreendentemente durável – tanto linguística quanto social – que permite declinar a mesma configuração numa multiplicidade de formas peculiares, atualizando essa capacidade propriamente humana que é, segundo Derrida, a de "fazer metáforas, para querer exprimir alguma coisa, e somente uma".[5] Algo que, de outro modo, não se poderia "enunciar, expor na língua".[6]

Assim, se é próprio da figura do *pária* reunir por analogia e ligar o que aparentemente se opõe, é para dizer o que o pensamento não consegue exprimir em termos conceituais. Nesse sentido, o recurso à metáfora marca um "fracasso", um limite, ou, pelo menos, uma insuficiência mitigada pela imaginação que, ao suscitar uma multiplicidade de representações "da mesma família", obriga finalmente o pensamento conceitual a "pensar mais".[7] Essa capacidade de dizer uma multidão de coisas indizíveis em mais de um conceito faz a especificidade da figura do pária, assim como seu caráter imprevisível, inapreensível, movediço, aberto. Os proletários, por exemplo, não são párias nos lugares em que têm direitos ou gozam da dignidade de sujeito político, mas o são antes de 1789, como indica Flora Tristan em *L'Union ouvrière*; ainda o são quando perseguidos pela repressão de junho de 1848 na França, sem voto e sem fuzis;[8] ou quando estão desempregados e sua dignidade é escarnecida pela "beneficência, que [...] impõe ao pária desumanizado, excluído da sociedade, a renúncia à última coisa que lhe resta, sua aspiração à qualidade de homem, e comece a mendigar a graça da burguesia".[9] É quando o conceito (de classe operária) não consegue abranger *toda* a realidade da classe – digamos, a dos trabalhadores imigrantes ou colonizados – que a figura do pária vem ao pensamento, como neste trecho marcante que Simone Weil escreveu na época da Frente Popular:

---

5 Derrida, *Marges de la philosophie*, p.296.
6 Ibid., p.273.
7 Kant, *Critique de la faculté de juger*, p.146.
8 Apud Texier, *Révolution et démocratie chez Marx et Engels*, p.312.
9 Engels, *La Situation de la classe laborieuse en Angleterre*, p.32.

A ESCÓRIA DO MUNDO **75**

É assim que os operários franceses temerão sempre a entrada na França de trabalhadores de países sobrepovoados, enquanto *os estrangeiros forem legalmente rebaixados a uma situação de párias, privados de todo tipo de direito, impotentes para participar de qualquer ação sindical sem correr risco de morte lenta pela miséria, passíveis de serem expulsos sem dó*. O progresso social num país tem como consequência paradoxal a tendência a fechar as fronteiras aos produtos e aos homens. Se os países ditatoriais fecham-se sobre si mesmos por obsessão belicosa, e se os países mais democráticos os imitam, não somente porque são contaminados por essa obsessão, mas ainda devido ao próprio progresso obtido por eles, o que podemos esperar? Todas as considerações de ordem nacional e internacional, econômica e política, técnica e humanitária, unem-se para aconselhar que se procure agir. Tanto mais que as reformas realizadas em junho de 1936, que, se acreditarmos em alguns, colocam nossa economia em risco, são apenas uma pequena parte das reformas desejáveis imediatamente. Porque *a França não é simplesmente uma nação; é um Império*; e uma multidão de miseráveis, *nascidos infelizmente para eles com uma pele de cor diferente da nossa*, tinha posto tantas esperanças no governo de 1936 que uma espera tão longa, se permanecer frustrada, periga nos levar, algum dia, a dificuldades graves e sangrentas.[10]

De uma atualidade desesperadora, esse trecho de *A condição operária* fornece uma das melhores ilustrações do "pensar mais" que a figura do pária mobiliza e exprime. Revela não apenas o que o conceito de trabalhador deixou de *incluir*, comprometendo assim sua pretensão de universalidade, mas também as injustiças que esse conceito torna invisíveis camuflando sua *coextensividade*. Ou seja, uma tal definição truncada da classe operária mostra-se politicamente ineficaz e por fim destrutiva, na medida em que é fundamentada na superioridade do interesse nacional e faz que o progresso nacional

---

10 Weil, *La Condition ouvrière*, p.201. Grifos meus.

dependa do estado de exceção imposto aos trabalhadores do Império *nascidos com uma pele de cor diferente.*

Situar a polissemia e a polifonia do pária no centro de nossa questão permite repensar o caráter *particular* ou excepcional que se costuma atribuir à experiência de cada grupo tratado separadamente. Evidenciam-se, assim, essas diversas formas de inferiorização e de exclusão, raramente estudadas *juntas*, como manifestação ou sintoma de uma mesma configuração. Configuração historicamente inédita, que estabelece uma nova correlação entre dominações e formas de subjetivação de naturezas e origens diferentes ao ligá-las ao mesmo modo de legitimação. O pária não nos entregaria, nesse caso, a essência de tal ou qual relação de dominação, mas as propriedades de uma lógica política e social. É nesse sentido que será preciso compreender o esforço que se segue, que consiste em extrair suas propriedades, no sentido que consta no dicionário *Le Robert*: o "que pertence a todos os indivíduos de uma espécie sem, no entanto, lhes pertencer exclusivamente".

Uma condição objetiva dentro/fora

A figura do pária remete, inicialmente, a uma condição social objetiva, que combina a exclusão e o repúdio por uma sociedade ou uma comunidade com o desprezo, a rejeição e a vergonha que os acompanham. Essa condição é sustentada por leis, rituais e *barreiras invisíveis* e, frequentemente, está relacionada a uma posição peculiar na divisão social do trabalho, envolvendo uma atividade econômica de grande monta e natureza indispensável.

Max Weber, o primeiro a fazer da metáfora do pária um conceito científico, define o povo pária como um grupo hereditário, privado de organização política autônoma, caracterizado, por um lado, pela proibição originalmente mágica e ritual da exogamia e da comensalidade e, por outro lado, pelos "privilégios negativos" associados a um papel econômico peculiar de grande alcance. O povo pária é um povo-hóspede (*Gastvolk*), que vive num ambiente

A ESCÓRIA DO MUNDO **77**

estrangeiro, do qual está separado ritual, legalmente ou *de facto*. Weber estabelece uma distinção entre o povo-hóspede – do qual os ciganos representariam o exemplo contemporâneo mais próximo – e o *povo pária*, que dá conta da história e da condição dos judeus após a destruição do segundo templo.[11] O primeiro se caracteriza pela errância ou mobilidade sazonal, num contexto marcado pela necessidade aumentada de mão de obra e a multiplicação de tarefas inferiores consideradas impuras. O segundo acumula, além da condição de estrangeiro tolerado, a *impureza* constituída e regida por interdições rituais que afastam o estrangeiro da mesa comum e do casamento com membros da comunidade dominante. Decorre frequentemente a perda de qualquer referência no espaço e de qualquer enraizamento num determinado lugar, associada a uma dependência total do grupo dominante no plano econômico.

A clareza conceitual dessa distinção, como, aliás, a de "povo pária" como um tipo ideal, é discutível – observou-se muitas vezes –, tanto pelas limitações que impõe ao sociólogo alemão a comparação com a sociedade indiana quanto pela extrema dificuldade de conformar à formalização de um tipo ideal a diversidade de uma experiência histórica de 2 mil anos.[12] Mas se, em vez de procurar na análise weberiana um modelo abrangente bem ordenado, tentarmos tirar partido de suas inconsistências e hesitações tais como estão dispersas em sua obra, se prestarmos atenção à riqueza de digressões e notas sobrecarregadas, reconheceremos, assim como Freddy Raphaël, o quanto elas demonstram "uma desconfiança em relação às generalizações sem nuances e o desejo de traduzir a complexidade dos

---

11 Weber, op. cit., p.87. Id., *Le Judaïsme antique*, p.19.

12 Shmueli, The "Pariah-People" and its Charismatic Leadership: A Revaluation of Max Weber's "Ancient Judaism", *Proceedings of the American Academy for Jewish Research*, vol.36, p.167-247. Raphaël, Les Juifs en tant que peuple paria dans l'œuvre de Max Weber, *Social Compass*, vol.23, n.4, p.397-426. Id., L'étranger et le paria dans l'œuvre de Max Weber et de Georg Simmel, *Archives des Sciences Sociales des Religions*, v.61, n.1. Momigliano, A Note on Max Weber's Definition of Judaism as a Pariah-Religion, *History and Theory*, vol.19, n.3.

78   ELENI VARIKAS

fatos".[13] Apesar do etnocentrismo metodológico e do dualismo de sua comparação com a Índia,[14] aparecem intuições surpreendentes sobre as afinidades que, apesar de tudo, aproximam as estruturas hierárquicas desses dois tipos de sociedade que a literatura erudita, ao longo dos últimos séculos, sempre opôs, remetendo uma ao princípio hierárquico e a outra ao princípio igualitário. As análises weberianas constituem, assim, ainda hoje, uma fonte inesgotável de intuições preciosas para a compreensão da condição de pária nas sociedades modernas.

Na realidade, mesmo como tipo ideal do destino dos judeus, o povo pária elucida menos a história do judaísmo da Antiguidade e da Idade Média do que das sociedades europeias após a emancipação. Com efeito, apesar do ódio contra o povo "deicida", as perseguições e conversões forçadas da Idade Média, a segregação/autossegregação não era apanágio dos judeus, mas fardo de várias outras minorias religiosas. Por outro lado, num contexto social em que cada grupo estava submetido a liberdades e obrigações particulares, a noção de "privilégios negativos" perde sentido. Para muitos historiadores, a condição dos judeus na Idade Média não era necessariamente pior do que a de outros grupos da população. Essa também é a tese de Esther Benbassa, que, em obra recente, situa no século XIX a escrita de uma "história lacrimal" dos judeus da Idade Média.[15] Esse tipo de reescrita combina efetivamente com a visão, muito ressaltada pelas Luzes, da Idade Média como *aquilo contra o que se ergueu a modernidade*. Pode-se perguntar, entretanto, se essa reescrita surgiu da "necessidade de produzir uma identidade

---

13 Raphaël, Peuples et communautés des parias chez Max Weber et Norbert Elias. In: Raphaël; Leibovici; Varikas (orgs.), Paria, une figure de la modernité, *Tumultes*, n.21-2, p.37-8.

14 O etnocentrismo principalmente do capítulo "Caráter geral da religiosidade asiática", na conclusão de *Hindouisme et bouddhisme*, a propósito da diferença essencial entre as religiões asiáticas e a ética protestante ocidental. A esse respeito, ver principalmente Munshi, Revisiting Max Weber in India. In: Lehmann; Ouedraogo (orgs.), *Max Webers Religionssoziologie in interkultureller Perspektive*, p.67.

15 Benbassa, *La Souffrance comme identité*.

A ESCÓRIA DO MUNDO   **79**

moderna *que resista à prova da integração*" ou se, pelo contrário, foi o produto de uma *reação à extrema fragilidade* da integração. Desfraldada de maneira polêmica, a visão da Idade Média como "vale de lágrimas" poderia, de fato, enfatizar as promessas não cumpridas de um projeto de emancipação que, em vez de abolir as antigas distinções que havia repudiado como vestígios obscurantistas, apenas as renovou sob outra forma.

É o que sugere a reação de Bernard Lazare, que, embora completamente integrado na sociedade francesa do fim do século XIX, acorda judeu e pária de um dia para o outro, por ocasião do caso Dreyfus:

> Não se enclausuram mais os israelitas no Ocidente, não se estendem mais correntes nas extremidades das ruas, mas cria-se ao redor deles uma atmosfera hostil, uma atmosfera de desconfiança, de ódios latentes, de preconceitos inconfessos e portanto mais poderosos, um gueto muito mais terrível do que aquele de onde se poderia escapar pela revolta ou pelo exílio. Mesmo que essa animosidade se dissimule, o judeu inteligente a percebe, ele sente agora uma resistência, tem a impressão de um muro erguido entre ele e aqueles entre os quais vive.[16]

É precisamente no contexto de uma tal situação, em que estarão, posteriormente, numerosas populações de *párias modernos*, que a análise weberiana e, em especial, a noção de barreiras invisíveis se tornam operacionais. Weber atribui uma grande importância aos efeitos dessas barreiras na subjetividade pária, mas nunca as reduz a um fenômeno psicológico e menos ainda a "lutas religiosas e políticas" transformadas "em atitudes psicológicas";[17] ele as associa a uma situação estrutural *dentro/fora* dos grupos e indivíduos párias nas sociedades pós-emancipação.

---

16 Lazare, *Le Fumier de Job*, p.99.
17 Shmueli, op. cit., p.169, 171 e 186.

80 ELENI VARIKAS

– *Dentro*, pois *aparece* o pária em sociedades *sob outros aspectos sem castas*, nas quais esse é submetido à lei geral, sem desfrutar formalmente de uma igualdade de direitos.

– *Fora*, porque é, ao mesmo tempo, submetido a uma condição de exceção assegurada, por um lado, por leis particulares de exclusão que limitam o acesso à educação, às profissões, a alguns direitos civis e políticos, o que Max Weber qualifica de *privilégios negativos*[18] e, por outro lado, pelas proibições rituais e *barreiras invisíveis*, "preconceitos religiosos ou outros", que asseguram a hierarquia estatutária e neutralizam a exigência formal de igualdade. Tais proibições rituais, referentes ao *connubium* (casamento) e à *comensalidade*, têm importância capital, pois estabelecem a comunidade como *grupo impuro*. Estão associadas a crenças religiosas ou mágicas, inicialmente ligadas à divisão do trabalho e à multiplicação de tarefas inferiores consideradas impuras.

A "lenda da sujeira", "o odor acre dos judeus que provoca náuseas nos cristãos",[19] o "odor de lupanar" que arrasta cada mulher que atravessa as fronteiras da hierarquia de gênero,[20] "o odor penetrante do negro, sobretudo no verão", a que se refere o proclamador alemão do darwinismo social, Alfred Ploetz,[21] ou ainda o "odor" de alguns bairros de Paris, fustigados por um de nossos presidentes da República, certamente são preconceitos, mas operam como verdadeiras linhas de demarcação entre o puro e o impuro, suscitando práticas de segregação e estigmatização. Todavia, uma segregação relativa, por causa das funções econômicas indispensáveis que colocam necessariamente o pária em contato com as camadas superiores. Flora Tristan bem observou que esses preconceitos não são

---

18 Como é o caso do não acesso dos judeus aos cargos de ensino no sistema de educação nacional ou ao exército durante boa parte do século XIX, o dos negros norte-americanos após a emancipação, das mulheres sob o Código Civil ou o regime de *couverture* na Inglaterra.

19 Lazare, op. cit., p.50-1.

20 Conforme a expressão de Lammenais sobre George Sand e Daniel Stern.

21 Nelson, Max Weber, Dr. Alfred Ploetz and W. E. B. Du Bois (Max Weber on Race and Society II), *Sociological Analysis*, v.34, n.4, p.311-2.

puramente arcaicos. Se na Idade Média, "a água do batismo extirpa o odor judeu" e se "o rebanho purificado" parece exalar um "novo odor",[22] para o antissemitismo racista, que faz do pária uma condição *hereditária* inelutável, essa purificação torna-se cada vez mais impossível. Reformulados pelo pensamento erudito e racionalizados, os preconceitos se paramentam com a autoridade das Ciências Sociais, como salientou Max Weber em sua crítica a Alfred Ploetz, a quem acusava de introduzir seus julgamentos de valor pessoais sob a aparência enganosa da pesquisa objetiva.

Dr. Ploetz: Posso dizer que [a antipatia contra os negros] nem é tanto por causa do odor, embora este seja bem penetrante no verão e, por exemplo, nos hotéis, os negros sejam forçados a se lavar da cabeça aos pés.

Max Weber: Há os que o fazem de bom grado! (riso do público) [...]

Max Weber: O senhor sabe que excluem os negros da universidade, dr. Ploetz.

Dr. Ploetz: É motivo de reflexão, se até os pesquisadores os excluem das universidades. Deve haver uma razão para isso.

Max Weber: Para se curvar aos protestos de seus alunos brancos – é evidente!

Dr. Ploetz: Não! Devo defender os alunos. Pois não são apenas os colégios que os excluem, também outras instituições. É por causa de sua inferioridade intelectual e moral.

Max Weber: Nada disso está comprovado. Gostaria de assinalar que o sociólogo mais importante do Sul dos Estados Unidos, a quem nenhum pesquisador branco pode se comparar, é um negro: Burghardt Du Bois. No congresso de Saint Louis, pudemos tomar o café da manhã com ele. Se algum *gentleman* dos estados do Sul estivesse presente, teria sido um escândalo. [...]

Dr. Ploetz: É inútil falar de um indivíduo quando se trata dessa grande questão. Esse tipo de percepção universal de um povo e o tipo

---

22 Lazare, *L'Antisémitisme, son histoire et ses causes*, p.95.

de ubiquidade da consciência característica da raça branca gerada nos Estados Unidos não podem hesitar diante de um indivíduo [...]. É o resultado e a consequência de milhares e milhares de experiências individuais que causaram essa separação. Considere-a, por uma vez, um resultado natural, um fenômeno natural.

Max Weber: Certamente. Mas o resultado não dos fatos e das experiências, mas das crenças da massa.[23]

Essa passagem é um excerto do ríspido debate entre Max Weber e Alfred Ploetz, no Congresso da Sociedade Alemã de Sociologia de 1910, a respeito da apresentação feita por este último sobre "Os conceitos de Raça e Sociedade", defendendo a teoria da inferioridade racial dos negros. A passagem é interessante devido à insistência com que o sociólogo alemão reconduz, repetidamente, crenças e atitudes às práticas de exclusão e às relações de poder que constituem a condição objetiva do dominado após a emancipação dos escravos negros, colocados, a partir de então, ao mesmo tempo dentro e fora da sociedade.

É essa situação *dentro/fora* que marca o destino dos párias modernos da Europa. Nós a encontramos na flutuação do sentido que há muito tempo acompanha a definição dessa palavra[24] e que persiste ainda hoje; a maior parte dos dicionários define o pária como um *"indivíduo sem casta"* e, ao mesmo tempo, situado *"no degrau mais baixo da escala social"* (*Petit Robert*).[25]

---

23 Nelson, op. cit., p.311-2.

24 Ver, por exemplo, os dicionários da Academia Francesa (1835), o *Larousse* (1867), o *Littré* (1869): o pária é definido ao mesmo tempo como estando de fora da sociedade e como ocupando o último escalão da sociedade.

25 Ver também o verbete *Pariah* no *Oxford English Dictionary*: "1. Nome da maior das castas baixas da Índia do Sul; 2. Por extensão, membro de qualquer casta baixa e, quando utilizado pelos europeus, alguém sem casta ou excluído; 3. Qualquer pessoa de uma classe degradada ou desprezada, um excluído social". (1. *Name of the largest of the lower castes in Southern India; 2. Hence extended to a member of any low Hindu caste, and by Europeans, when applied, to one of no caste or outcaste; 3. Any person of a degraded or despised class; a social outcast.*) Grifos meus.

Uma construção antinômica da diferença

A diferença do pária é tecida com contradições e paradoxos, em razão de sua situação *sui generis* de membro de uma casta inferior numa sociedade sem castas. Uma sociedade que deixa perceber o sujeito individual de direitos tanto como átomo abstratamente similar e, por consequência, comparável a todos os outros (aos olhos da lei geral à qual está submetido) quanto como inseparável do grupo de que saiu e, assim sendo, incomparável aos outros (na perspectiva de seus direitos). O pária, quem quer que seja, é assim confrontado com um dilema impossível: como membro de um grupo "diferente", pode ser legitimamente excluído da igualdade de direitos em nome de "sua" diferença; como indivíduo, só pode desfrutar da igualdade em função de sua similitude com o grupo dominante, que estabelece o denominador comum de comparação.

Uma percepção subjetiva da diferença do outro

A heterodefinição está, pois, no âmago da construção da diferença, que, em vez de ser uma relação, se torna um *atributo* inferiorizador. Aqui, o grau das diferenças antropológicas reais tem um papel menos importante do que as diferenças sociais, inculcadas pela educação,[26] o estigma, por exemplo, carregado por um povo que, todos se lembram, foi anteriormente escravo, os negros americanos, os migrantes africanos na Europa, os ciganos da Romênia. Mas, em todos os casos, é a percepção subjetiva de "sua" diferença pelo grupo dominante que é decisiva. O indivíduo diferente pelo seu aspecto exterior pode "fazer" e "ser" o que quiser, pois "será de qualquer modo desprezado como tal ou adorado supersticiosamente".[27] A singularidade, as diferenças individuais não cabem aqui. Como o Pária de Goytisolo, estereótipo exagerado do imigrante magrebino,

---

26 Weber, L'appartenance raciale. In: Weber et al., *Économie et Societé*, p.413.
27 Ibid.

84 ELENI VARIKAS

sua aparência incongruente, suas vestimentas grotescas, fora de época, apenas confirmam uma presença imprópria, deslocada.[28] Ele sabe que, pouco importa o que faça, não será considerado como um ato individual, mas como um traço "característico de seu grupo".[29] Da mesma forma que o *Marginal* de E. V. Stonequist, o pária de Weber está irremediavelmente aprisionado na definição do grupo de que provém. Não é tal indivíduo concreto com uma história, amigos, uma profissão, qualidades peculiares, mas o Judeu, o Negro, o Árabe, a Mulher em geral. Como escreveu Georg Simmel, "a mais geral de suas qualidades, o fato de ser mulher e que, como tal, ela realizava as funções próprias de seu sexo, levou a classificá-la com todas as outras mulheres, sob um conceito geral".[30]

Ora, na medida em que é essa percepção subjetiva que importa, a qualidade geral, foco da definição discriminante, pode "se deslocar simplesmente para outras características reais ou imaginárias, antes consideradas insignificantes e 'não tematizadas culturalmente'".[31] Ela pode ver-se, de repente, classificada sob um novo "nome que lhe atribuam", *mas que ela não é*, como afirma vigorosamente a narradora do "romance" de Zahia Rahmani: "Tornei-me 'Muçulmano'. Isso, não posso mais apagar".[32] Não muçulmana, o que ainda conserva alguns traços de individualização. "Muçulmano!"

A lógica dessa construção assemelha-se ao que Hegel definiu como o princípio do sistema de castas da Índia, quer dizer, a *diferença geral*. Uma diferença que, segundo ele, não deixa o indivíduo aceder à liberdade subjetiva e exteriorizar suas diferenças.[33]

---

28 Goytisolo; Kitching-Schulman, *Makbara.*

29 Stonequist, Human Migration and the Marginal Man, *American Journal of Sociology,* n.33, p.881-93 e The Problems of the Marginal Man, *American Journal of Sociology,* v.4.

30 Simmel, *Conflict and the Web of Group-Affiliations.* Ver também Klein, *The Feminine Character: History of an Ideology,* p.5.

31 Bauman, Visas de sortie et billets d'entrée: les paradoxes de l'assimilation juive. In: Leibovici; Varikas (orgs.), op. cit., p.302-3.

32 Rahmani, *"Musulman": roman,* p.45.

33 Hegel, *Leçons sur la philosophie de l'histoire,* p.112.

A ESCÓRIA DO MUNDO **85**

Cada casta tem seus direitos e deveres particulares; os deveres e direitos não são, pois, os do homem em geral, mas os de uma casta determinada. Se dizemos, por exemplo, a coragem é uma virtude, os indianos contradizem: a coragem é a virtude dos xátrias. De modo geral, a humanidade, o dever humano, o sentimento não existem, só existem os deveres das diversas castas. Tudo está congelado nas diferenças e sobre essa diferença reina o arbitrário.[34]

Louis Dumont retoma à sua maneira a ideia de Hegel, assimilando o princípio da *diferença abstrata* à oposição que fundamenta o sistema de castas na Índia, como antes analisado por Célestin Bouglé:[35] a oposição entre o *puro* e o *impuro*. Essa oposição subentende ao mesmo tempo:

– a hierarquia (superioridade do puro sobre o impuro);
– a separação (separação entre o puro e o impuro);
– a divisão do trabalho entre puro e impuro.

Os três elementos que separamos "em nosso pensamento ocidental" formam, no sistema de castas, um todo coerente e indivisível. Um todo que é fundamentado na coexistência necessária e hierárquica de dois opostos.[36] Escreveu Kate Millet, em *Sexual Politics*:

> [...] a homossexualidade foi inventada por um mundo *straight* confrontado com sua própria bissexualidade. Mas achando isso difícil, e em vez de admiti-lo, inventou um estado *pária*, uma colônia de leprosos para os incorrigíveis cuja própria existência, se fosse abertamente tolerada, seria uma advertência a todos. Nós, os *queers*, velamos pelo mundo *straight*, como as prostitutas velam pelas mães de família virtuosas.[37]

---

34 Ibid., p.115.
35 Bouglé, *Essai sur l'origine des castes*.
36 Dumont, *Homo hierarchicus. Le système de castes et ses implications*, p.64-5.
37 Millet, *Sexual Politics*.

86 ELENI VARIKAS

No campo da divisão do trabalho, essa interdependência se exprime pelo fato de que a execução das tarefas impuras por alguns é necessária para a conservação da pureza dos outros. E é essa interdependência do puro e do impuro, do brâmane e do pária, que traz coerência à sociedade de castas para os que nela vivem. Não nos surpreendemos, então, que o pária tenha se transformado, há mais de um século, em símbolo dos trabalhadores imigrantes, dos estrangeiros, dos nômades, dos ciganos.

Está claro, acrescenta Dumont, que:

> A impureza do intocável é conceitualmente inseparável da pureza do brâmane. Elas devem ter se estabelecido juntas ou, em todo caso, reforçam-se reciprocamente, *e é preciso se habituar a pensá-las juntas*. Em especial, a intocabilidade só desaparecerá verdadeiramente no dia em que a pureza dos brâmanes for radicalmente desvalorizada; se não forem tomadas providências.[38]

O interesse principal de uma comparação entre o pária moderno e seu ancestral indiano é precisamente enfatizar o aspecto *constitutivamente hierárquico da complementaridade*, que, nas sociedades de legitimação universalista, se tornou indivisível. Hierárquico no sentido de que, antes de tudo, é o princípio de uma "totalidade feita de duas metades desiguais, mas complementares";[39] mas também no sentido de que produz, pela bicategorização puro/impuro, as categorias assimétricas que deveria separar e opor e que, na sequência, aparecem como "*déjà là*" [já lá], imutáveis e naturais. Em outras palavras, os intocáveis e os brâmanes não formam grupos diferentes antes e fora das relações que os constituem como tais. Eis aí uma das mais preciosas intuições da análise de Dumont, uma das perspectivas mais produtivas para a compreensão das diferenças no mundo ocidental. Ninguém se aventura, com efeito, no contexto das castas indianas, a idealizar a complementaridade hierárquica para fazer

---

38 Dumont, op. cit., p.77.
39 Ibid., p.78-9.

uma "igualdade na diferença", ninguém precisa recorrer à ideologia sexual das "duas esferas" ou às doutrinas jurídicas do tipo *separate but equal*, que acompanharam a entrada na modernidade dos negros emancipados, dos aborígenes e de outros párias do mundo ocidental. Pois, como enfatiza Dumont: "a etiqueta 'pureza' corresponde, por um lado, ao que chamamos cultura ou civilização, as castas menos exigentes passam por bárbaras [...] Em relação à natureza, indica-se circunstancialmente como a impureza marcou a irrupção do biológico na vida social".

O aspecto inseparável e a interdependência do puro e do impuro na constituição da diferença do pária elucidam o deslocamento perpétuo da desigualdade – por exemplo, nos fenômenos de desqualificação e feminização das profissões, ou ainda na desvalorização dos espaços "invadidos" pelos párias, que são reformulações inventivas das proibições rituais e das barreiras invisíveis. Disso decorrem também os limites das tentativas de inclusão ou de redefinição positiva dos grupos estigmatizados, quando tais tentativas não contestam o processo binário das categorizações, conservando intactas as relações que constituem esses grupos e definem seus membros.

Uma percepção subjetiva de si

A primeira consequência dessa construção é que a diferença torna-se incontornável para a constituição da subjetividade pária. Ela pode ser valorizada, em razão de sua marginalidade, de sua exterioridade, de sua impotência, de sua proximidade com a natureza – "um estranho povo da Ásia impelido para nosso clima", como disse Herder a respeito de seus compatriotas, instalados, no entanto, há séculos na Alemanha.[40] Ela pode ser objeto de desprezo ou medo ligado a um vício de origem (pecado original, povo deicida etc.), à impureza e à contaminação que faz a essência mesma do grupo (sua feminidade, sua cultura religiosa, suas proezas profissionais, seu

---

40 Apud Hannah Arendt, *Sur l'Antisémitisme*, p.131.

88 ELENI VARIKAS

poder oculto). A valorização e o desprezo não são contraditórios, mas complementares, pois a idealização provém da distanciação empiricamente verificada entre os indivíduos cultos, inteligentes e assimilados que frequentamos e a imagem caricatural que fazíamos do Judeu, do Árabe, da Mulher, do Homossexual. E inversamente: o desprezo ou o medo supersticioso podem provir precisamente de uma sobreavaliação das capacidades ou qualidades do pária (o poder invasivo da mulher/mãe, a sexualidade maléfica da mulata ou do árabe, o governo secreto dos judeus, a finança etc.).

Admirado ou desprezado, o pária não pode desaparecer entre os vizinhos. Num mundo construído sobre a unidade do gênero humano, a única coisa que ele não pode (mais) ser é *pura e simplesmente ser humano*. Börne bem o sabia, ele que escreveu com amargura: "Alguns me recriminam por ser judeu, outros me louvam por isso, outros ainda me perdoam, mas ninguém o esquece".[41]

Reconhecido prioritariamente por "sua" diferença, ele (ou ela) é marcado(a) como membro de uma categoria à parte, mesmo se desfruta formalmente de uma igualdade de direitos. Mas o caráter sistemático da marca permanece invisível num sistema em que a categorização discriminatória, mesmo tendo expressão legal, deve sempre permanecer implícita. Altamente visível na sociedade francesa da virada do século XIX, obcecada por segurança, o "romanichel" desaparece inteiramente da lei de 1912, que o transforma, no entanto, em *categoria criminal à parte*, sob o pretexto de comportamento nômade desonesto,[42] por oposição silenciosa aos itinerantes "honestos", ou seja, *de origem francesa*.

Essa mescla *sui generis* de visibilidade/invisibilidade é, assim, a segunda consequência dessa construção da diferença. Há uma desconcertante simetria entre a estigmatização e a categoria estigmatizada: como enfatiza Bauman, são ambas ilegítimas, obrigadas

---

41 Idem, p.146.
42 A marcação do cigano é feita por uma distinção entre os nômades honestos e outros errantes franceses e o resto, que deverá carregar um carnê antropométrico. Ver Delclitte, Tsiganes en France au tournant du siècle: création d'une catégorie, *Tumultes*, n.11.

a esconder sua verdadeira identidade, a encontrar justificativas enganosas.[43] A experiência do pária torna-se, por esse motivo, clandestina, indizível, incomunicável. Daí decorre a importância estratégica de nomear a injustiça, dar um nome para cada opressão em vez de incluí-la num universal que não a leva em conta. Dito de outro modo, mencionar, a exemplo de Zalkind Hourwitz, Flora Tristan e, um século depois, Hannah Arendt, em qual de suas identidades a humanidade comum é insultada.

Contudo, essa atitude é perigosa, pois pode ser vista como uma marca de particularismo, uma recusa de dispersão na humanidade comum. Na medida em que a humanidade como sujeito e fonte de direitos é identificada com o grupo dominante e interpretada por ele, os dominados são colocados na dimensão do particular. Suas experiências não atingem nunca a dignidade da "humanidade em geral". Dessa forma, o sufrágio de uma minoria da população pôde, durante dois séculos, apresentar-se como "universal", enquanto as reivindicações da maioria dos trabalhadores precários, ou seja, as trabalhadoras, eram sempre apresentadas como "reivindicações específicas das mulheres". A construção da diferença é, também, desse ponto de vista, uma *construção social do universal e do particular*, visto que a diferença não é mais uma relação entre duas particularidades, mas um *desvio* ou um *afastamento da norma*.

Essa construção antinômica da relação entre particularidade e universalidade cria incessantemente uma suspeita não apenas sobre o particularismo dos interesses privados, mas sobre a singularidade dos seres humanos, sobre sua capacidade de exprimir em termos generalizáveis suas necessidades e vontades. Constituído por oposição ao interesse geral tal como o percebe o grupo dominante, o enunciado "reivindicações específicas" (das mulheres, dos imigrantes, dos ex-súditos coloniais, dos dissidentes sexuais) sugere, por si mesmo, a dificuldade de falar em termos universais das desigualdades que atingem frequentemente a maioria da

---

43 Bauman, Strangers: The Social Construction of Universality and Particularity, *Telos*, n.78, p.13.

90   ELENI VARIKAS

população. A experiência do pária nunca pode ser paradigmática, pois é marcada pelo selo da insignificância, da parcialidade.

Nessas condições, a diferença, *sua* diferença (sua cultura, sua origem, sua cor, seu sexo), tende a se apresentar ao pária antes como a *causa* do que como o instrumento da discriminação e da opressão. Visto prioritariamente por meio de sua diferença inferiorizante, que, ao longo do século XIX, se radicaliza sob a influência do cientificismo e da filologia racialista, o indivíduo pertencente às categorias desprezadas (pária) é confrontado com um dilema permanente que marca sua psicologia, sua transformação em sujeito, sua visão do mundo:

Três opções são possíveis:

- seja interiorizar a inferioridade atribuída ao seu grupo de origem, caso em que ele/ela permanece um pária, seja diferenciar-se de seu grupo de origem (judeus, mulheres, refugiados comuns) e tornar-se um arrivista (Arendt);
- ou rejeitar a inferioridade que lhe é atribuída e desenvolver uma *dignidade pária*, devolvendo o estigma por uma inversão da escala hierárquica de valores – o que Nietzsche chama uma "revolta pária da moral" – transformando sua diferença de tara em *eleição*;
- ou ainda rejeitar o princípio da constituição hierárquica das diferenças e sua avaliação e tornar-se um pária consciente ou, como preferimos falar aqui, um pária *rebelde*, digno em sua solidariedade com seus semelhantes menos afortunados, *quaisquer que sejam eles(as)*. O orgulho do pária rebelde reside em sua exterioridade, que o afasta do exercício da dominação e se abre para uma visão crítica da sociedade, que pretende englobar todas as relações injustas.

Evidentemente, essas opções apenas têm valor analítico, pois na realidade confundem-se em infinitas combinações que conferem à figura do pária sua poderosa *dimensão existencial*, sem a qual ela nunca teria conhecido uma vida tão longa e turbulenta. Nessa dimensão existencial, o eu e o mundo são a todo instante

A ESCÓRIA DO MUNDO **91**

problematizados, de modo que todos os "estrangeiros de todas as condições poderiam discernir os detalhes confusos e vagamente desenhados de sua semelhança".[44] É lançando sobre a sociedade que o exclui um olhar que a relativiza que o pária se reinventa na primeira pessoa, fiel a sua certidão de nascimento, que, como vimos, fazia dessa metáfora uma perspectiva não bramânica da intocabilidade. E é dessa mesma maneira que os verdadeiros intocáveis, os da Índia, reinventaram-se, como um nós coletivo, dando-se o nome *dalits*: massacrados! No lugar de uma afiliação orgânica, uma situação de "submissão ao conjunto", o nome designa uma relação de dominação que ilumina com outra luz a dita comunidade.

Modernidade ocidental ou modernidade simplesmente?

Modernidade ocidental? Modernidade política? As análises dominantes do sistema de castas e esse novo orientalismo que é o culturalismo político de nossa época levam-nos a identificá-las, remetendo as castas indianas, tal como as conhecemos durante os últimos dois séculos, a um antanho inelutável da modernidade.

Dumont nos alerta contra a tentação de ver no sistema de castas alguma coisa que se aproxime de "nossas preciosas pessoas modernas", "das sociedades fechadas sobre si mesmas e justapostas como nos justapomos a nossos semelhantes na sociedade moderna. Pois bem, nada é mais falso... A casta se isola pela submissão ao conjunto como um braço que não quisesse unir suas células às do estômago".[45]

Essas comparações organicistas aproximam, no entanto, mais do que afastam, as sociedades indianas daquelas dos antigos regimes europeus. Basta lembrar que a hierarquia, como descreveram Marx e Engels em *A ideologia alemã*, era a forma ideal de feudalismo. É em relação aos regimes democráticos e pela oposição

---

44 Ibid.
45 Dumont, op. cit., p.61.

92 ELENI VARIKAS

entre o *homo hierarchicus* indiano e o *homo æqualis* europeu que a hierarquia das castas adquire sua singularidade irredutível, como símbolo da desigualdade mais rígida, fixa e imutável, fechada à modernidade. Entretanto, como afirma um grande especialista do sistema indiano de castas, os que remontam as condições históricas da emergência do *homo æqualis* à modernidade ocidental ignoram, em geral, as aventuras dele "alhures": "Como se a destruição das sociedades aborígenes na Austrália e na América, a redução à escravidão de incontáveis populações negras ou a imposição de uma desigualdade institucionalizada entre europeus e indígenas em toda a Ásia tivessem ocorrido em outra época, em outro planeta.[46] Aqueles que cresceram quando a Índia era ainda uma colônia britânica, prossegue ele ironicamente, poderiam acreditar que eram os britânicos (ou os franceses ou os holandeses) que estavam do lado da hierarquia e os indianos (os indochineses ou os indonésios), do lado da igualdade.

André Béteille salienta o fato de que, para uma parte do mundo, a modernidade e o progresso coincidiram com a colonização e a escravidão. Essas modernidades deslocadas, e os paradoxos do progresso evocados anteriormente por Simone Weil, conduzem-nos a uma tensão central que, ao longo dos últimos séculos, deu à figura do pária toda sua força polêmica: as oposições entre obscurantismo e progresso, tradição e modernidade, Oriente e Ocidente, mobilizadas muito cedo por essa figura para denunciar a contradição de práticas "obscurantistas" nas sociedades modernas fundamentadas no igualitarismo das Luzes. Mas, enquanto a figura do pária evidencia essa "contradição", sua perenidade, a produção exponencial de párias, sugere que essas práticas não são contraditórias com a modernidade, a menos que adiramos ao mito da modernidade como ruptura com todas as formas hierárquicas e desigualitárias. Um mito que atinge hoje seu apogeu no desvio da "emancipação das mulheres" a serviço de uma retórica racista, que, ocultando a desigualdade persistente

---

46 Béteille, Homo Hierarchicus, Homo Æqualis, *Modern Asian Studies*, v.13, n.4, p.548.

entre homens e mulheres no Ocidente moderno, transforma esta em *característica* exclusiva de "culturas" atrasadas e imutáveis, sobretudo o Islã.

Ora, essa tensão constitutiva do pária corresponde à tensão entre o sentido precípuo e o sentido metafórico da palavra. Com efeito, é absurdo opor um hipotético sentido literal "verdadeiro" à inexatidão das analogias que essa figura "apresenta", pois a significação e a vivacidade da metáfora nascem da relação entre esses dois sentidos, graças à tensão constitutiva entre esses dois polos que em aparência se opõem. A figura do pária extrai, em grande parte, seu poderoso alcance contestatório da estupefação implícita, ou mesmo da ruptura do sentido, produzida imediatamente por seu nome, símbolo de uma ordem social imóvel nos antípodas da modernidade ocidental a que pertence seu sentido metafórico. A continuidade incongruente que estabelece com um outro tempo (que designam as referências à Idade Média, ao feudalismo, ao despotismo do Antigo Regime), um outro espaço (o Oriente) e um outro princípio político (a hierarquia) compromete os termos com os quais a modernidade política se referencia. Por um lado, essa continuidade abre a possibilidade de revisitar as dicotomias, retornando ao "arcaísmo" contestado e à incomparabilidade radical de um sentido "precípuo e autêntico" que dois séculos de indologia e estudos sobre as castas – orientais e ocidentais – contribuíram para tornar ainda mais exótico e longínquo. Por outro lado, permite revisitar o destino das castas intocáveis da Índia no século XX, cujos dilemas revelam analogias notáveis com... o sentido figurado do pária. Ou seja, com o "nosso" pária moderno e ocidental, proveniente da reação e da resistência à categorização hierárquica na Europa.

Desse ponto de vista, a obra sobre as castas mais importante da segunda metade do século XX, a de Louis Dumont, mostra-se menos pertinente sobre o sentido inicial e literal da casta do que sobre as condições que favorecem a ascensão do pária ocidental. Pois, como Nicholas Dirks demonstrou, a hierarquia, tal como Dumont analisa em seu estudo, por sinal notável, longe de ser uma característica imutável da Índia eterna, apenas adquiriu sua condição sistemática e rígida na *modernidade colonial*.[47] Entretanto, e essa não é a menor das ironias a que a história do pária nos acostumou, a resistência de Dumont a refletir também sobre as analogias indianas com nossas sociedades modernas e "igualitárias" sugere que essa resistência não vem apenas do colonialismo, mas de uma visão especificamente moderna que só pode pensar a hierarquia em termos de uma modernidade inacabada.

Esta é uma visão que se encontra também, como Aditya Nigam observa com sutileza, nas análises que, mesmo entre os dalits, tendem a interpretar a persistência das castas "como puro e simples bramanismo"; em suma, como vestígio pré-moderno. Nigam explica essa persistência por meio das "condições peculiares nas quais o universalismo da modernidade enraizou-se na Índia" – condições "um tanto análogas às do Ocidente".[48] Sua explicação permite não somente problematizar a trajetória específica da modernidade no contexto indiano, mas ainda confirmar o que a figura do pária não deixou de sugerir ao longo de dois séculos: a condição dupla da modernidade como dominação e como princípio de esperança. É precisamente essa dupla condição que realça o belo texto de Partha Chatterjee, intitulado *Our Modernity* [Nossa modernidade]:

> Qual seja a habilidade que use a razão para encobrir a realidade do poder, o desejo de autonomia continua a se erguer contra a realidade do poder; existe a resistência ao poder. Lembremo-nos de que houve um tempo em que a modernidade era o argumento mais forte a favor da continuação da subjugação colonial da Índia: a dominação estrangeira era necessária, diziam-nos, porque os indianos deveriam, antes de tudo, ser educados. E depois, foi a mesma lógica da modernidade que nos levou, um dia, a descobrir que o imperialismo era ilegítimo.[49]

---

47 Dirks, *Castes of Mind*. Metcalf, Ideologies of the Raj, *The New Cambridge History of India*, n.4, p.114-31.

48 Nigam, La Question dalit comme critique de la modernité. In: Leibovici; Varikas (orgs.), op. cit., p.33-4.

49 Chatterjee, "Our Modernity", conferência organizada por Sephis e Codesria, 1996.

Antinomias do universalismo

O paradoxo da igualdade pelo privilégio

A dignidade humana precisa de nova garantia, somente encontrável em novos princípios políticos e em uma nova lei da terra, cuja vigência desta vez alcance toda a humanidade [...] Já não podemos dar-nos ao luxo de extrair aquilo que foi bom no passado e simplesmente chamá-lo de nossa herança, deixar de lado o mau e simplesmente considerá-lo um peso morto, que o tempo, por si mesmo, relegará ao esquecimento. A corrente subterrânea da história ocidental veio à luz e usurpou a dignidade de nossa tradição.[1]

Publicadas em 1951, essas linhas de Hannah Arendt fazem parte de uma reflexão sobre a natureza inédita dos crimes do século XX cometidos contra a pluralidade humana, e isso no próprio continente que havia feito da humanidade o fundamento da comunidade política. Uma ruptura radical com as tradições políticas e éticas do Ocidente, o genocídio nazista foi, ao mesmo tempo, revelado como

---

1 Arendt, *The Burden of Our Time*, p.ix. É a introdução da primeira edição inglesa da obra de Hannah Arendt, *The Burden of our Time*, publicada com o título *Origens do totalitarismo*.

um dos resultados possíveis da modernidade política. Ao rejeitar a tentação de considerar esse fato um parêntese ou uma "exceção monstruosa", Arendt ressaltou a necessidade de se interrogar sobre os elementos que o tornaram possível, adotando uma grade de leitura da modernidade política em que a "exceção", em vez de confirmar a regra, deveria projetar uma nova luz sobre suas contradições, perigos e potencialidades.

Meio século mais tarde, o projeto arendtiano nada perdeu de sua atualidade. A evidente dificuldade que enfrentam nossas democracias em defender seu próprio fundamento humanista, a impotência diante de ataques recorrentes contra a diversidade e a pluralidade humanas, tornam mais do que nunca necessária uma reflexão sobre essa "corrente subterrânea de nossa história", que, desde então, não mais deixou de vir à luz. Reexaminar em sentido inverso as tradições do universalismo histórico, estudar sua dinâmica política do ponto de vista de suas dissonâncias e de suas contradições não é simplesmente procurar compreender o que, hoje, faz dos "direitos do homem" um enunciado vazio de sentido para grande parte da população de nosso planeta. É também explorar – e tentar preservar – o excedente utópico que resiste, independentemente de sua impotência, à transformação desse princípio em álibi puro e simples da dominação.

A dupla natureza da modernidade universalista como ideologia e como princípio de esperança[2] permeia a genealogia moderna dos direitos do homem. É um segredo bem guardado que a Europa, que se reconhece nesse conjunto de valores políticos e morais que reivindicam um alcance universal, só adquiriu sua identidade moderna por um processo de supressão real e simbólica do não idêntico, no interior e no exterior de suas fronteiras. Um processo no qual a expulsão dos judeus e dos mouros da Espanha e de Portugal e a Conquista têm um valor paradigmático. A "descoberta" do Novo Mundo, sobre o qual os conquistadores europeus reivindicaram

---

2 Varikas, The Antinomies of Emancipation: The Double Dynamics of Universalism during the French Revolution, *Literature and History*.

A ESCÓRIA DO MUNDO   **97**

um *ius inventionis*, foi, ao mesmo tempo, uma autoinvenção da Europa como o mundo. Concebida sobre o modelo da universalidade cristã e como uma extensão secularista da vocação católica da fé cristã, a definição moderna da humanidade como sujeito e fonte positiva de direitos universais nasceu, ao mesmo tempo, como um projeto de criação de um espaço internacional de direito e como uma legitimação temporal da conquista. É sintomático que os primeiros "direitos universais" declarados pelos teólogos de Salamanca – os direitos de migração, de livre circulação, de comunicação e de predicação do Evangelho – só pudessem ser exercidos pelos europeus. Os três primeiros, que hoje estão no âmago da "cidadania europeia", são sempre negados aos descendentes dos povos conquistados que afluem à Europa. As populações "descobertas" não tiveram acesso à condição de *veros homines*,[3] a não ser para enfrentar uma "guerra justa" em nome de direitos cuja validade universal havia sido decretada à sua revelia, e que não tinham, evidentemente, nem a intenção nem a possibilidade de exercer. É problemático descartar esse paradoxo e reter o que, neste momento genealógico, corrobora a dinâmica igualitária do universalismo[4] porque essa assimetria, em vez de se atenuar, instala-se no modo de legitimação universalista, que faz da "humanidade" ora o fundamento inclusivo dos direitos do homem, ora uma norma dominante. Norma que, confundindo sua própria particularidade com o universal, produz categorias inteiras de indivíduos excluídos das exigências da universalidade dos direitos.

A entrada da figura do pária na cultura e no vocabulário político ocidentais dos dois últimos séculos, bem como sua constituição em conceito político, ilustram vigorosamente essa antinomia, tal qual ela se exprime em práticas políticas e sociais, percepções subjetivas dos indivíduos, sistemas simbólicos, linguagens eruditas ou

---

3 Após a célebre controvérsia entre Bartolomeu de las Casas e o bispo de Darién, na Colômbia, que alegava que os índios eram seres inferiores, escravos por natureza, a Bula de 1537 afirmou que os índios são efetivamente "verdadeiros homens".

4 Ver, por exemplo, Kriegel, *La Philosophie de l'État*, p.133.

populares, doutrinas científicas, literatura e poesia. A história dessa palavra é a história do distanciamento característico entre princípios universalistas e práticas efetivas. Ela revela que, em vez de ser o produto de uma leitura anacrônica ditada por nossas exigências atuais, esse distanciamento é claramente perceptível desde o início. Assim, ela permite reencontrar o fio de uma tradição heterodoxa do universalismo que, resistindo aos artifícios da abstração, obstinou--se em ver, nos direitos do homem, a igualdade dos direitos de cada indivíduo particular.

A figura do pária é um *topos* singular, um tipo de configuração política e cultural da modernidade, na qual se cruzam diversas problemáticas que funcionam de maneira ora complementar, ora antagônica. De um lado, o princípio de casta, hierarquia de nascença da qual provêm os párias originais; do outro, o princípio universalista do indivíduo como sujeito de direitos, que se inscreve em contradição às práticas de categorização hierárquica que gera os párias modernos. De um lado, a designação e a denúncia da dimensão política e social da alteridade em nome do princípio da humanidade comum; do outro, a "auto"rrepresentação romântica do sujeito insubmisso à norma, que, ao mesmo tempo, designa e denuncia o nivelamento ou a repressão das pulsões mais autênticas do indivíduo, em nome da liberdade individual. Enfim, e em outro registro, a conceitualização do pária se encontra no cruzamento de uma dinâmica social, ou seja, a dinâmica das relações sociais de naturezas distintas, que explica a diversidade dos párias modernos (os judeus, os negros, as mulheres, os imigrantes, os homossexuais, os estrangeiros, os refugiados, os colonizados), com uma dinâmica propriamente política, que tende a vincular a aceitabilidade dessas relações sociais diferentes a uma mesma lógica de legitimação da dominação.

A aventura da emancipação durante a Revolução Francesa ilustra poderosamente essa dinâmica dupla da universalidade que impulsionou o pária moderno. Dinâmica subversiva, na medida em que proclama que o pertencimento ao gênero humano é suficiente para o igual direito à felicidade. A Declaração de 1789 parecia sugerir, ao contrário dos postulados da filosofia política clássica, que seria possível a consumação da comunidade humana apesar do que diferencia os seres humanos, e que o singular, o homem, poderia ser pensado "como um plural interno ao universal":[5] os homens. Desse modo, poder-se-iam incluir na crítica da autoridade arbitrária todas as formas concretas de servidão humana. A liberdade dos escravos e a dos trabalhadores, a das mulheres e a dos dissidentes religiosos, seriam apenas modalidades particulares de um mesmo imperativo político de autodeterminação. Os direitos do homem poderiam ser pensados como direitos dos seres humanos que compartilham o que Mary Wollstonecraft chamou a divindade do rosto humano (*human face divine*).[6]

Resgatado do além, onde o haviam relegado os ensinamentos da Igreja, o conceito abstrato de homem oferece, assim, uma base comum de comparação entre uma diversidade de posições sociais que, em nome da humanidade em geral, podem almejar a igualdade dos direitos. Esse conceito constitui a condição da afirmação das diferenças, o fundamento poderoso da pretensão do particular em participar do universal. Dessa maneira, em 1789, por ocasião do concurso da Academia de Metz a respeito dos meios de tornar os judeus mais "felizes e úteis", Zalkind Hourwitz, um dos três laureados, não vê nenhuma contradição no fato de se apresentar, ao mesmo tempo, como "homem" e como "judeu polonês". Entretanto, vê uma contradição na pretensão da Academia de "regenerar" os judeus em vez dos "cristãos, seus agressores". E afirma: "O meio de tornar os judeus felizes e úteis? Aqui está! Parar de torná-los infelizes e inúteis, concedendo-lhes, ou melhor, devolvendo-lhes o direito à cidadania de que o privaram".[7]

O elo estreito entre o desenvolvimento da noção de pária e a legitimação universalista da Declaração dos Direitos do Homem explica o lugar privilegiado ocupado por essa noção no espaço

---

5 Meschonnic, Entre nature et histoire: les Juifs, p.7.
6 Wollstonecraft, Vindications of the Rights of Men (1790). In: Todd; Butler (orgs.), *The Works of Mary Wollstonecraft*.
7 Hourwitz, *Apologie des Juifs*.

público literário e político francês, diferentemente de países como a Inglaterra ou a Alemanha, nos quais seu uso permanece mais marginal ou restrito ao discurso erudito. Sua ausência quase total do vocabulário político inglês, num país que justamente dispõe das mais abundantes informações sobre os intocáveis indianos, emanariam assim da diferença do sistema de legitimação política. Como sugere Hannah Arendt, em sua magnífica análise de Edmund Burke, esse sistema estava mais próximo da noção de "direito dos ingleses", herdada dos antepassados, do que da retórica universalista dos direitos dos homens. Tal hipótese parece se confirmar pelo fato de que, na Inglaterra, a maior parte das referências políticas ao campo semântico do pária provém precisamente de uma tradição minoritária criada pelos chamados "jacobinos ingleses", aqueles que haviam defendido os direitos do homem contra os ataques de Burke. O uso da metáfora na linguagem política permanece igualmente mais marginal na Alemanha. Apesar do fascínio pela Índia, apesar do fato de ter vindo desse país, nós o vimos, uma das duas peças de teatro que difundem amplamente a noção de pária na Europa, seu uso pouco frequente no espaço público popular parece reservado, quase exclusivamente, à questão da emancipação problemática dos judeus. Isso não quer dizer, como a tradição política republicana se apressaria em afirmar, que as práticas políticas francesas sejam mais inclusivas e universalistas. Como a Declaração dos Direitos do Homem faz do universalismo o fundamento explícito da legitimação política na França, o distanciamento entre princípios e práticas políticas é mais visível e as antinomias do novo sistema político, mais evidentes.[8] Instalando-se nesse distanciamento, a metáfora do pária expõe à luz do dia a contradição constante entre as promessas emancipadoras e a dinâmica histórica do processo de emancipação.

---

8 É o que poderia explicar o fato desconcertante de que, em sua análise das ideologias e, em especial, do pensamento racista, Hannah Arendt privilegia as doutrinas e práticas desenvolvidas na França, em detrimento das experiências históricas alemãs e inglesas, que, no entanto, são ricas nessa área.

A ESCÓRIA DO MUNDO **101**

Essa contradição desserviu desde o início a lógica da emancipação, introduzindo uma ambiguidade duradoura no âmago dos princípios universais de liberdade e igualdade. Oriunda das exigências de um novo corpo político, que só poderia funcionar em condições de igualdade política e legal, a emancipação não foi, todavia, o resultado de uma lei general que confirmasse a validade dos direitos universais para o conjunto das populações sob tutela. Que se refira aos judeus, aos escravos, às mulheres, às populações colonizadas, o que hoje se chama emancipação na realidade foi um processo demarcado por decretos, sentenças e "decisões" particulares. No que diz respeito aos judeus, a emancipação prorrogou a maior parte das cartas patente que, desde Henrique II, asseguravam privilégios a algumas comunidades judaicas e, gradativamente, os estendeu ao conjunto dos judeus. Para as mulheres, excluídas dos direitos políticos e submetidas ao Código Napoleônico ou ao princípio da *feme covert*, a emancipação, gradual, distribui-se, segundo os países e as categorias sociais, ao longo de dois séculos, e em muitos casos foi preciso aguardar o final do século XX para que elas tivessem, como disse Flora Tristan, "seu 1789". O mesmo ocorreu com a abolição da escravidão e a emancipação das pessoas de cor livres ou dos *half-cast* na Inglaterra. O decreto de 15 de maio de 1791, primeira tentativa em favor da emancipação dos "homens de cor livres", apenas revalidava explicitamente as disposições do Código Negro sobre os "bens móveis", ou seja, os escravos, confirmando os privilégios concedidos por Luís XV aos escravos emancipados. Sejam escravos franceses, americanos ou os ciganos romenos mantidos em escravidão durante vários séculos, as aventuras da abolição, como a da emancipação das populações colonizadas, confirmam essa lógica gradual da lei particular que se instala no centro de um sistema de legitimação universalista.

Nos debates do período revolucionário, os partidários da emancipação inscreviam sua argumentação na continuidade das liberdades feudais. Os direitos das mulheres e dos judeus, principalmente, muitas vezes foram defendidos sob a forma de uma

102 ELENI VARIKAS

extensão dos privilégios de que desfrutavam certas categorias no interior desses grupos durante o Antigo Regime. Ora, adotar o duplo registro da extensão dos privilégios e da universalidade dos direitos, de liberdades particulares e da liberdade simplesmente, significava recorrer a outros critérios de cidadania, distintos dos estabelecidos para o resto do povo. Se os cidadãos "passivos" estavam excluídos do sufrágio censitário pela Constituição de 1791, sua exclusão poderia ser debatida no contexto da unidade fundamental de todos os seres humanos,[9] considerados como indivíduos. Mas esse contexto não era suficiente para fundamentar uma exclusão em bloco dos "mulatos", dos judeus, das mulheres. Para além de suas capacidades e de suas riquezas individuais, era o pertencimento ao grupo, pertencimento de *nascença*, que a partir de então seria mobilizado para avaliar a possibilidade e as condições de sua admissão à cidadania. Para ressaltar essa lógica não conforme aos princípios universalistas, Pierre Guyomar, um dos raros deputados favorável à igualdade dos sexos, apresentava--se à Convenção como um partidário não dos direitos políticos das mulheres, mas da igualdade política de todos os indivíduos.[10]

Hannah Arendt mostrou as repercussões políticas desse grande paradoxo, que consistia em instaurar a igualdade *sob forma de privilégio,* e enfatizou seus efeitos duradouros no desenvolvimento do antissemitismo moderno.[11] Esse paradoxo apenas reforçou o equívoco da emancipação, associando-a não a uma lei geral, que deveria em princípio ser aplicada a todos, mas a um sistema fundamentado no privilégio e, por isso mesmo, entendido como inaceitável: "O que

---

9 A legitimidade do censo já constava da Declaração de 1789, que admitia distinções baseadas nas capacidades individuais, nas virtudes e nos talentos de cada um. Vítima da incapacidade, o pobre poderia esperar enriquecer pelo trabalho e ter a oportunidade de fornecer a contribuição necessária para ser admitido à cidadania.

10 Guyomar, Le Partisan de l'égalité politique de tous les individus ou Problème très important de l'égalité en droit et de l'inegalité en fait. IIIe séance de la Convention Nationale, 29 abr. 1793. Reeditado por Badinter, *Paroles d'hommes: 1790-1793.*

11 Arendt, op. cit., p.32.

pensar de indivíduos que querem se tornar franceses e, no entanto, conservar [...] outras leis [...] que os franceses, seus vizinhos?",[12] escreveu um deputado da Alsácia a Camille Desmoulins. Já Christian Wilhelm Dohm, o célebre teórico da emancipação, se queixava da prática corriqueira, desde o reinado de Frederico Guilherme I, de conceder aos judeus ricos "todo tipo de favor e de apoio", muitas vezes "à custa dos cidadãos trabalhadores e legítimos".[13] Uma lógica análoga vigorava, desde o início, em referência aos privilégios das mulheres da nobreza. Ela reforçava a identificação, já estabelecida pelo pensamento das Luzes, entre o poder político das mulheres e o caráter arbitrário e corrupto do poder absoluto.[14] Identificação que atingiu seu paroxismo no processo e na execução de Maria Antonieta, algumas semanas antes da proibição, pela Convenção, da atividade política dos clubes de mulheres (1793).[15] Em vez de reforçar os argumentos a favor da igualdade, o poder restrito, mas real, que tinham as mulheres da nobreza durante a monarquia absoluta era utilizado nos debates do espaço público revolucionário como alerta contra os perigos de um eventual exercício dos direitos políticos por todas as mulheres.

No século XX, a antinomia da emancipação, que consiste em instaurar a igualdade sob forma de privilégio, foi, de certo modo, institucionalizada nas estratégias ditas de "igualdade pelo privilégio" (equality through privilege), adotadas em vários países, mas especialmente na Índia em relação às castas inferiores e nos Estados Unidos, em favor das minorias e das... maiorias discriminadas.[16] As desventuras dessas políticas seguem ativas nos debates

---

12 Apud Badinter, *Libres et égaux: l'émancipation des Juifs, 1789-1791*, p.144.

13 Dohm, *Denkwürdigkeiten meiner Zeit*, p.487.

14 Landes, *Women and the Public Sphere in the Age of the French Revolution*.

15 Colwill, Just Another Citoyenne? Marie Antoinette on Trial, 1790-93, *History Workshop*, n.27.

16 Verba; Ahmed; Bhatt, *Caste, Race and Politics: A comparative study of India and the United States*. Berreman, *Caste and Other Inequalities: Essays on Inequality*. Aggarwal; Ashraf, *Equality through Privilege. A Study of Special Privileges of Scheduled Castes in Haryana*.

referentes à paridade e às cotas, como nas políticas de desagregação e de ação positiva, que na França insistem em chamar "discriminação positiva". Essas tribulações ilustram as devastações subterrâneas que a igualdade sob forma de privilégio reproduz com uma persistência desesperante. Sobre a discriminação positiva, Ralph Ellison escreveu, em 1972: "Continuem a fazer estes Negros andar, mas para seu bom e velho lugar".[17]

Embora o conceito de *humanidade em geral* se imponha no campo político como princípio de direito, os seres humanos aos quais se aplica esse princípio são indivíduos concretos, historicamente localizados, cultural e socialmente diferenciados, com necessidades e interesses distintos e meios desiguais para defendê--los. Como conciliar o direito natural de todos com a relação de força existente? Ao introduzir uma nova instabilidade na legitimação da dominação, o direito natural universal abre um espaço inédito de liberdade no qual o indivíduo, *todo* indivíduo, pode se emancipar interiormente "unicamente pela força da imaginação". Mas é essa mesma instabilidade, expressa no calor dos antagonismos sociais, que modula o sentido da emancipação: sua associação a um privilégio que é preciso *merecer* introduz no centro da nova legitimação política uma contradição fundamental, destinada a um futuro brilhante.

De certa maneira, a ambiguidade inicial da emancipação, que concedeu a igualdade sob forma de privilégio, relativiza a novidade dessa configuração política, e o pária revela o que se poderia chamar a persistência inexplicável do Antigo Regime. A profusão de referências aos privilégios de nascença, à "aristocracia de cor", à "nobreza da pele", ao "feudalismo marital", que acompanham o campo conceitual do pária, destaca o sentimento de continuidade incongruente entre antigos e novos modos de legitimação política. Após a emancipação, o "negro" era tratado "exatamente como nos anos precedentes, como se não tivesse direitos que o homem branco

---

17 Ellison, *Invisible Man*, p.X.

A ESCÓRIA DO MUNDO **105**

devesse respeitar",[18] escreveu em 1899 George W. Henderson, num artigo sobre a cidadania dos negros norte-americanos:

> [...] um código criminal foi feito *especialmente para ele*, criando uma série de delitos que não poderiam se aplicar ao homem branco [...] O negro era, a partir de então, um pária, um excluído (*outcast*) social e político. Ao trocar sua servidão pela liberdade, perdeu a proteção que lhe asseguravam os interesses de seu mestre, e viu-se exposto a novos perigos [...][19]

É bem verdade que um "longo atavismo" havia preparado o judeu ao estado de pária, diz Bernard Lazare. O mesmo ocorreu com vários outros grupos. As taras da impureza, da sordidez, da corrupção, da podridão, do pecado original, do deicida, as imagens caricaturais, como o nariz adunco e os chifres do judeu, certamente reativaram e reelaboraram as crendices e os estereótipos anteriores. Ao judeu frágil e efeminado (produto do triângulo infernal da Idade Média, diabo-judeu-feiticeira[20]), considerado inapto a cumprir os deveres de soldado, algumas vezes se atribuiu a característica de menstruar: o pobre abade Grégoire sentiu-se obrigado a refutar tal crendice.[21] Entretanto, essa continuidade é frequentemente enganosa, pois nos dissimula a reformulação de todos os preconceitos e a nova dinâmica que adquirem no contexto político da modernidade universalista.

A relação entre a inferioridade social e a inferioridade antropológica, que permite contestar a plena humanidade do pária, está, paradoxalmente, ligada ao universalismo do direito natural, que faz da humanidade comum a origem poderosa da universalidade dos direitos. A natureza humana comum, substrato do direito natural, pela primeira vez fornecia, em ampla escala, a possibilidade de

---

18 Henderson, History of Negro Citizenship, *African Methodist Episcopal Church Review*, v.15, n.3, p.699-700.

19 Ibid. Grifos meus.

20 Moore, *La Persécution: sa formation en Europe, Xe-XIIIe siècles*.

21 Grégoire, *Essai sur la régénération physique, morale et politique des juifs*, p.73.

106 ELENI VARIKAS

exigir a liberdade e a igualdade aqui e agora. Porém, em razão dessa nova instabilidade, introduzida pelo universalismo no centro da legitimação da dominação, o questionamento da unidade do gênero humano se tornou possível. Por certo, esse processo já havia começado bem antes da emancipação: as provas da *pureza del sangre* na Espanha,[22] os debates de Valladolid a respeito da humanidade dos indígenas das Américas, assim como o regime de exceção imposto pelas práticas e pela legislação da escravidão e da colonização, foram terrenos precoces onde se inventava de fato, antes de se codificar, a arte de uma categorização hierárquica, que o abade Grégoire declara, já em 1826, ser, de fato, uma "invenção moderna". O autor de *La Noblesse de la peau* [A nobreza da pele] elabora uma lista detalhada da constituição dessa nova nobreza em pleno século das Luzes, e destaca o caráter *sistemático* e o *cálculo racional* por meio dos quais se fabrica o preconceito:

> Em 1770, um magistrado de Porto Príncipe que, por sua posição, deveria proteger os desafortunados, exprimiu-se assim, falando dos Africanos: "É preciso *apesentar sobre essa classe o desprezo e o opróbrio* que lhe são devidos de nascença: somente *ao quebrar as molas de sua alma*, serão conduzidos ao bem". Homens que se conduz ao bem, ao quebrar as molas da alma! Aqui, a demência iguala a ferocidade. Em 1767, uma carta do ministro da Marinha traça *a linha de demarcação* entre os Negros e os Índios. Estes últimos, assimilados aos franceses, podem aspirar a todos os encargos e dignidades de que são excluídos os Negros. Para transpor esse obstáculo, alguns mestiços solicitavam a graça de serem *reputados Índios*. Então, uma carta ministerial veio repelir esse pedido. "Esse favor destruiria o preconceito que estabelece *uma distância* a que as pessoas de cor e seus descendentes não podem jamais aspirar; importa à ordem não enfraquecer o estado de humilhação ligado à espécie, em qualquer grau em que se encontre." Em 1763, proibição

---

22 Yerushalmi, *Sefardica: essais sur l'histoire des juifs, des marranes et des nouveaux-chrétiens d'origine hispano-portugaise.*

aos Negros e Mestiços de tomar o nome de seus pais putativos, ainda que de raça branca. Ordem de acrescentar, ao nome de batismo, *um sobrenome tirado do idioma africano, para não destruir essa barreira intransponível* que a opinião pública colocou, e que a sabedoria do governo mantém.[23]

São tais práticas, desenvolvidas em políticas deliberadas e sistemáticas, mais do que as mentalidades atrasadas, que fabricaram e mantiveram os preconceitos, abrindo caminho para a desumanização ordinária e massiva. Mas as críticas a essas práticas não fizeram, por si sós, emergir a figura do pária. Esta pressupõe, ao mesmo tempo, o princípio da universalidade dos direitos e sua transgressão. Sua pertinência depende da capacidade de traduzir e mostrar a coexistência do princípio formal, uma lei geral para todos, com o princípio, muitas vezes tácito e informal, do privilégio de nascença.

Despojadas de seus fundamentos teológicos, que começaram a perder terreno há muito tempo, a hierarquia e a dominação poderiam justificar-se, a partir de então, em nome da verdade "científica", fonte indiscutível de legitimação política. Se o homem fazia parte de um universo governado por "leis naturais" que deveria imitar e às quais deveria se conformar, o único critério de justiça, como afirmara Diderot, seria o conhecimento exato dos fatos naturais, o conhecimento exato das relações existentes entre os homens. Uma vez estabelecidos, esses fatos seriam incontestáveis, não poderiam ser objeto de uma crítica ou de uma avaliação moral.[24] A natureza, considerada em suas manifestações corporais infalíveis, mamilos, músculos e órgãos genitais, traços faciais e cor da pele ou, mais tarde, dimensões antropométricas, torna-se, desde o fim do século XVIII, um argumento terrível a serviço da desumanização e da exclusão. A naturalização das desigualdades opera uma combinação insidiosa

---

23 Grégoire, op. cit. Grifos meus.

24 Diderot, *Supplément au voyage de Bougainville ou Sur l'inconvénient d'attacher des idées morales à certaines actions physiques qui n'en comportent pas.*

dos modos antigos e novos de legitimação da dominação. Constrói a diferença como antinômica à igualdade e estabelece uma relação contraditória e complementar entre os direitos e o indivíduo: este pode ser percebido tanto abstratamente similar e, por consequência, comparável a todos os outros (perante à lei geral a que está sujeito), e como indivisível do grupo, e até da espécie, de que ele (ou ela) provém e, por consequência, incomparável aos outros (quanto a seu direito de elaborar a lei geral).

Sustentado pela hegemonia do positivismo e do cientificismo, o determinismo do patrimônio natural e histórico reformula, no século XIX, a noção aristocrática de herança em termos compatíveis com o universalismo. A partir desse ponto, o estudo da natureza promete definir o lugar a que cada um está destinado aqui na terra, substituindo a justiça distributiva do além. Ao mesmo tempo, a filosofia da história terá a tendência de reformular a visão arcaica de uma teodiceia, restabelecendo uma finalidade interna ao movimento da história, no qual cada "raça", cada espécie, cada povo é convocado a exercer um papel preciso. Essas doutrinas não são o produto automático e inelutável da ciência; emergem como armas políticas a serviço da dominação. Como as teorias racistas, em particular, são muitas vezes (embora nem sempre) o produto de um pensamento conservador ou contrarrevolucionário, sua hegemonia ideológica marca duravelmente as estruturas mentais da modernidade política e se associa à perfeição ao sonho progressista da engenharia social. Basta observar o fascínio que exercem, acima das clivagens políticas e científicas, as hierarquias de ariano--judeu, de macho-fêmea de Le Bon e de Renan, assim como a influência de Lombroso e do darwinismo social, ou os delírios da higiene racial, que se infiltram até nas fileiras do movimento socialista e feminista, na virada do século. Já a explosão antissemita do caso Dreyfus e a instituição do carnê antropométrico dos ciganos, em plena Terceira República na França, evidentemente não são resíduos pré-modernos. Da mesma forma, é difícil atribuir às resistências antimodernas o impacto sinistro que teve, na Alemanha nazista, *The International Jew* [O judeu internacional],

A ESCÓRIA DO MUNDO **109**

de Henry Ford, o homem cujo nome se tornou sinônimo de progresso e modernidade em nosso século XX.[25] Publicado em 1920 nos Estados Unidos, esse livro, que os nazistas adotaram nas escolas, reúne e sistematiza todos os preconceitos antijudaicos e antissemitas numa síntese cientificista delirante do "antigo" e do "moderno", característica da reformulação dos "preconceitos religiosos e outros", que asseguram a condição do pária. Portanto, não surpreende que tenha tido um papel tão grande na difusão do tema da "conspiração judaica mundial" no entreguerras e até os dias de hoje.[26]

A hegemonia dessas doutrinas, sua força de persuasão, sua capacidade de fornecer uma chave mestra da história e da sociedade, desenham os contornos de uma configuração historicamente inédita, que nem é a do Antigo Regime, em que o privilégio é a regra explícita, nem o triunfo do universalismo. Essa configuração estabelece uma nova correlação entre dominações de ordens e origens diferentes, e as acopla a uma mesma lógica de legitimação – uma lógica que permite avaliar alguns grupos sociais com base em sua nascença, para construí-los em categorias homogêneas distintas.

A análise arendtiana do imperialismo oferece uma extraordinária contribuição à compreensão dessa dinâmica política e social, que fez do pária uma figura central da modernidade. Dinâmica cujos efeitos se veem no desenvolvimento do racismo na Europa, mas também nas repercussões desastrosas e duradouras do "crime original", que foi a exclusão dos índios e dos negros do contrato fundador da *res publica* norte-americana.[27] A ausência de qualquer indício, na Constituição norte-americana, que pudesse ser interpretado como uma vontade de incluir os escravos negros no pacto de origem desmente desde o início o princípio *E pluribus unum*, princípio de uma comunidade política baseada na pluralidade. Se o balanço sombrio feito

---

25 Ford, *The International Jew*.

26 Cohn, Warrant of Genocide. In: Poliakov, *Histoire d'un mythe, la "Conspiration" juive et les Protocoles des Sages de Sion*, p.157. Murawiec; Greenberg, L'Antisémitisme aux États-Unis. In: Poliakof, op. cit., p.308-9.

27 Arendt, *Essai sur la révolution*, p.101.

por Arendt em 1970, no momento das mobilizações pelos direitos civis, atenua o entusiasmo que exprimira alguns anos antes pela Constituição norte-americana, ele segue confirmando sua análise do preâmbulo da Declaração de Independência: "Consideramos estas verdades evidentes por si mesmas, que todos os homens são criados iguais, que são dotados pelo Criador de certos direitos inalienáveis". Ao apoiar os direitos universais tanto num acordo humano, tendo, portanto, uma validade relativa, quanto numa verdade absoluta, cuja evidência em si dispensaria, afinal de contas, qualquer necessidade de celebrar um acordo, os "pais fundadores" quiseram provavelmente dotá-los de uma autoridade "não menos imperativa que o poder despótico e não menos absoluta que os axiomas matemáticos". Grotius já havia recorrido a esse tipo de autoridade contra a monarquia de direito divino, ao afirmar que nem Deus poderia fazer com que... dois mais dois não somassem quatro.

Mas se, como destaca Arendt, a "força irresistível da evidência" havia se mostrado suficientemente irrefutável para contradizer o absolutismo de direito divino, ela mostrou-se notoriamente impotente diante dos novos fundamentos da dominação. Pior: bem cedo revelou sua afinidade secreta com o absolutismo cientificista e o despotismo da natureza. A impostura que consistia em "confundir a natureza das leis matemáticas com a das leis da comunidade política, ou em presumir que aquelas poderiam de uma certa maneira inspirar estas" permitia reafirmar a limitação clássica do direito natural pela lei natural de uma maneira excepcionalmente poderosa.

A força da "evidência" eliminou a carga utópica contida na promessa de uma comunidade de instituição, fundamentada na autodefinição e na interação de vontades humanas plurais. Tornou supérfluo o direito igualmente garantido a todos de manifestar sua singularidade em relação aos outros e de atuar num mundo comum. Estabeleceu uma hierarquia pré-política, anterior à ação humana, que permitia criar categorias inteiras de indivíduos aos quais eram infligidos "privilégios (em alguns casos), injustiças (na maioria das vezes), bênçãos ou ruínas [...] ao sabor do acaso e sem qualquer relação com o que fazem, fizeram ou venham a fazer".[28] Indivíduos avaliados por aquilo que, neles, é "estritamente dado", pelo que é inacessível a essa ação, especificamente humana, por meio da qual nos reinventamos incessantemente, reinventando, assim, um mundo comum.

O poder de nomear

> Eu não sou como me nomeiam, e no entanto me nomeiam como me nomeiam. Esse nome que me atribuem, conheço o ódio que desperta em toda parte [...] Tornei-me "muçulmano". Isso, não posso mais apagar.
>
> Zahia Rahmani

O poder de identificar, de nomear, de definir o que é um homem, uma mulher, um judeu, um árabe, faz parte dos procedimentos de categorização hierárquica e de legitimação das instituições, das práticas, dos sistemas de valores, sobre os quais repousa essa categorização. Definir é um procedimento redutor e... implacável, exercido conforme a lógica da cópula: "é assim, não de outro modo".[29] Se, como sugere Judith Butler, a afirmação "é uma menina!" identifica o bebê ao mesmo tempo em que atua como uma profecia autorrealizadora (*self-fulfilling prophecy*),[30] é porque retira do objeto assim definido a possibilidade de ser "outro", ou melhor ainda, de não ser nem "um" nem "outro". O poder imperativo do enunciado "é uma menina!" reside, de fato, em seu complemento implícito "e não um menino!". Assinala o bebê a um território sexuado predefinido e exclui a possibilidade de sequer pensar o que, no entanto, é próprio

---

28 Arendt, *The Burden of Our Time*, p.294.
29 Adorno, Sujet et objet. In: *Modèles critiques*, p.261. Id., *Dialectique négative*, p.120.
30 Butler, *Bodies that Matter*, p.1-2.

112 ELENI VARIKAS

à condição de recém-nascido: o caráter imprevisível do que ele pode se tornar,[31] o fato de que é suscetível de produzir o novo, o inédito. Apesar de sua pretensão de dizer o que é a coisa definida, o conceito diz mais sobre aquilo de que ele "é um *exemplar* ou representante, ou seja, aquilo que ele mesmo não é".[32]

Essa dinâmica do "pensar identificando" atinge seu ponto culminante no processo de categorização que produz e hierarquiza os párias. Ao definir o pária como representante de um grupo homogêneo, esse processo torna simultaneamente invisível a humanidade que ele compartilha com os outros membros da comunidade e a sua singularidade, o que o diferencia de todos os outros indivíduos. Segundo a lógica complementar do puro e do impuro, ele permanece prisioneiro de um binômio hierárquico (branco-negro, ariano-judeu, homem-mulher, nacional-estrangeiro, muçulmano-cristão); por isso, não pode ser aceito tal como é, um árabe, uma mulher, um estrangeiro, mas somente como exceção que confirma a regra da inferioridade de seu grupo.[33] Como essa lhe é imposta não *pelo que ele faz*, mas *pelo que ele é*, e como suas ações são avaliadas com base numa hierarquia pré-política – natural ou cultural – e recebidas como consequências ou funções inevitáveis do grupo a que pertence *por nascença*, é sua própria existência que se torna um desvio ou uma transgressão.[34]

Barreiras invisíveis relegam o pária a uma inferioridade social de fato, mesmo quando ele está legalmente incluso na sociedade. Essas barreiras que o marcam como membro de uma categoria inferior conferem-lhe, ao mesmo tempo, uma alta *visibilidade social* que o impede de se amalgamar a seus vizinhos. Estreitamente ligada à sua inferioridade, sua alta visibilidade como

---

31 Arendt, *Condition de l'homme moderne*, p.200.

32 Adorno, *Dialética negativa*, p.130.

33 Riot-Sarcey; Varikas, Réflexions sur la notion d'exceptionalité, *Les Cahiers du GRIF*, n.37-8.

34 Mayer, *Les Marginaux: femmes, juifs et homosexuels dans la littérature européenne*. Um dos raros estudos que pensa em conjunto as diversas experiências desse fenômeno.

A ESCÓRIA DO MUNDO **113**

membro deste ou daquele grupo faz parecer abusiva e ilegítima qualquer tentativa de sua parte de exercer os direitos (por exemplo, a presunção de inocência) que ele compartilha legalmente com o restante da população (legítima). Mas perdura nele o caráter sistemático da marcação, invisível num sistema político em que a categorização discriminatória, mesmo quando é objeto de lei, como no caso do carnê antropométrico dos ciganos,[35] deve sempre permanecer implícita. A existência do pária desnuda assim a desconcertante simetria entre o procedimento de estigmatização e o grupo estigmatizado nos sistemas políticos universalistas. Ambos são ilegítimos, obrigados a ocultar sua verdadeira identidade, a procurar justificativas enganosas.[36]

Sinal distintivo da figura do pária, a invisibilidade da discriminação de que é vítima, num sistema político explicitamente baseado na universalidade, também é sinal de sua modernidade. Com efeito, ela difere da opressão antiga, que era parte integrante de uma sociedade explicitamente baseada na hierarquia. Em primeiro lugar, como disse Flora Tristan, porque não repousa apenas sobre leis, mas sobre preconceitos religiosos e outros.[37] Em seguida, porque mesmo quando é legal, permanece implícita: o privilégio de casta só se torna visível na lei quando se trata de aboli-lo. É o caso da Constituição de 1848, na qual, como mostrou Jeanne Deroin, embora fosse declarada a liberação dos escravos negros, o privilégio de sexo permanece subentendido.[38] Assim, como constata Hegel: "Pensa-se hoje que não deva existir diferenças de casta. Mas a igualdade na vida do Estado é uma coisa completamente impossível; [...] e mesmo quando se diz 'todos os cidadãos devem participar

---

35 Varikas, Le Paria ou la difficile reconnaissance de la pluralité humaine, *Revue des Deux Mondes.*

36 Bauman, Strangers: Social Construction of Universality and Particularity, *Telos,* n.78, p.9.

37 Tristan, *L'Union Ouvrière,* p.192.

38 Apud Riot-Sarcey, *La Démocratie à l'épreuve des femmes: trois figures critiques du pouvoir,* p.82.

114   ELENI VARIKAS

igualmente do governo', negligenciam-se imediatamente as mulheres e as crianças, que continuam excluídas".[39]

A invisibilidade política, graças à qual o privilégio não contradiz explicitamente o princípio da universalidade, e que faz a desigualdade social de fato não ser percebida como tal, é constitutiva da situação do pária. Como muitas vezes (mas nem sempre) ele não entra nas novas distinções reconhecidas ou legítimas, baseadas no mérito ou na riqueza, e como frequentemente ele permeia todas as classes, sua discriminação é ou dificilmente perceptível, ou subsumida sob outras mais evidentes e mais reconhecíveis. A extrema dificuldade, ou mesmo o fracasso histórico do movimento operário, e mais amplamente das tradições críticas da modernidade, em compreender e denunciar a dinâmica própria ao sexismo, ao antissemitismo, ao racismo e à xenofobia, é um indício claro dessa invisibilidade, que coloca o pária numa ambígua posição dentro-fora e o obriga a "arrastar sua existência singular entre todas as classes das quais não pode ser".[40] Por isso, é preciso nomear o que lhe acontece.

Sair do implícito passa, então, pela exigência de uma "menção particular", que visa a confirmar a validade dos direitos universais a seu respeito, mas que, paradoxalmente, só torna a exclusão do pária visível pela irrupção incongruente do particular na generalidade da lei. Esse paradoxo está inscrito na certidão de nascimento da emancipação, traspassada desde o início por pedidos de "menções particulares" que confirmem que os direitos do homem e do cidadão dizem respeito também a este ou àquele grupo inferiorizado. Dessa forma, os residentes judeus de Paris, aqueles que hoje seriam qualificados como sem documentos, apresentam à Assembleia Nacional, em 26 de agosto de 1789, o pedido de uma menção particular à nação judaica, com o objetivo de dissipar qualquer "equívoco" e

---

39 Hegel, *Leçons sur la philosophie de l'histoire*, p.113.
40 Staël, *De La Littérature considerée dans ses rapports avec les institutions sociales*, p.333.

"consagrar [seu] título e [seus] direitos de cidadãos".[41] Essa petição revela os termos ambíguos em que se colocará até hoje a questão da emancipação. É escrita pelo grupo de judeus mais bem integrado no processo revolucionário, os que têm a visão mais ampla da emancipação. São praticamente os únicos a lutar para obtê-la, mobilizando menos os modos tradicionais das redes de influência do que as novas estruturas de poder popular, como a comuna e os distritos. Isso torna ainda mais sintomática a presença simultânea em sua petição de um duplo contexto de legitimação do pedido de cidadania, apresentado como algo tanto supérfluo (decorrente da Declaração que acabara de ser votada) quanto necessário, um "ato de justiça" conforme a lógica de universalidade do direito natural e um "benefício" sobejamente merecido pelo "devotamento" deles à causa revolucionária, à qual estão prontos a sacrificar todas as estruturas de sua organização comunitária. Entretanto, essa contradição é apenas aparente; na realidade, ela traduz um sentido agudo das relações de força tal como se exprimem, nesse mesmo momento, nas dezoito aldeias da Alta Alsácia nas quais centenas de famílias judias tornam-se os alvos preferenciais do Grande Medo.

A *Declaração dos direitos da mulher e da cidadã*, de Olympe de Gouges, oferece um outro exemplo dessa dinâmica paradoxal da universalidade abstrata. Por um lado, reafirma a lógica universalista, ao insistir na necessidade de uma lei geral para todos: "ninguém é excluído". Por outro lado, compromete esse princípio. Primeiramente, ao remeter o Homem da Declaração de 1789 à sua particularidade de ser sexuado: se é necessária uma declaração dos direitos da mulher, é porque a de 1789 obviamente não incluía as mulheres. Em seguida e principalmente, ao sugerir que a impessoalidade e a generalidade da lei, exigência precípua do universalismo, oferecem o contexto para que se leve em consideração exclusivamente as necessidades comuns aos homens e às mulheres. Ora, "a livre

---

41 "Adresse présentée à l'Assemblée Nationale le 26 août 1789 par les Juifs résidant à Paris". Apud Varikas, Why Was I Born with a Different Face?, *Cahiers du GEDISST*, n.6, p.43.

116 ELENI VARIKAS

comunicação de ideias e opiniões" tinha (e ainda tem) um significado, a um só tempo, idêntico e diferente para os homens e para as mulheres. Daí provém a irrupção do caso particular nos artigos gerais e impessoais de sua Declaração:

> A livre comunicação de ideias e opiniões é um dos mais preciosos direitos da mulher, pois assegura a legitimidade dos pais diante dos filhos. Toda cidadã pode portanto dizer livremente, sou mãe de uma criança que lhe pertence, sem que um preconceito bárbaro a force a dissimular a verdade; salvo responder pelo abuso dessa liberdade nos casos determinados pela lei.[42]

Lembremos que a célebre análise de Flora Tristan sobre a condição pária das mulheres encontra-se em *L'Union ouvrière*, o panfleto em que formula, quatro anos antes do *Manifesto comunista*, a ideia de uma união universal dos trabalhadores e trabalhadoras, convocando-os para que se organizem em escala internacional. Ao inserir o capítulo "Por que menciono as mulheres"[43] no meio desse manifesto, Flora Tristan faz, por sua vez, uma "menção particular" à metade da classe trabalhadora, as *trabalhadoras*,[44] que permanecem párias e "esperam ainda", com o resto de suas semelhantes, "seu 1789". Ao mencionar as mulheres, ela não destaca simplesmente que a plena inclusão na classe trabalhadora passa por uma declaração solene da "igualdade absoluta entre os sexos"; também desvenda a estreita relação entre o reconhecimento da comunhão antropológica e a constituição da unidade política de uma classe à qual cabe realizar as promessas traídas do universal. Promessas de que os seres humanos não mais serão julgados conforme *sua nascença*, mas conforme a qualidade exclusivamente humana de se tornarem alguma coisa

---

42 Gouges, *Déclaration des droits de la femme* (1791). In: *Œuvres*, p.104-5.

43 Tristan, op. cit. Varikas, *Paria: une métaphore de l'exclusion des femmes*, *Sources*, n.12.

44 Tristan, op. cit., p.190. Kergoat, Ouvrières=ouvriers, *Critiques de l'économie politique*, n.5. Id., *Les Ouvrières*.

A ESCÓRIA DO MUNDO 117

que não poderia ser antecipadamente definida por uma lei qualquer, divina ou natural.

Do pedido dos judeus parisienses em 1789 até as reivindicações atuais ligadas à política do reconhecimento, a recorrência das "menções particulares" lembra que nomear o pária, dar nome à sua opressão, é uma estratégia necessária para lutar contra essa nova arma da dominação que é a sua invisibilidade.[45] Invisibilidade também aos olhos de outros grupos párias, como mostra a triste história da concorrência das vítimas que Hans Meyer traz à luz em seu belo livro.[46]

Enfim, há uma outra invisibilidade, talvez ainda mais terrível, pois diz respeito aos modos de produção do saber. De acordo com Zygmunt Bauman, a destruição dos judeus na Europa revelou um dos efeitos mais sombrios e menos estudados de processo de civilização e racionalização: a produção social da *indiferença moral* e da *invisibilidade moral*.[47] A contribuição das Ciências Sociais à produção desse tipo de invisibilidade está intimamente ligada à sua tendência de se adaptar à lógica de seu objeto: a sociedade como ela é. Na medida em que entretêm "uma relação mimética com seu objeto, ou melhor, com a imagem do objeto que elas próprias construíram e aceitaram como campo de sua reflexão",[48] têm dificuldade em estabelecer suas próprias regras de produção do conhecimento e, dessa forma, reconstruir seu objeto em seus próprios termos.

Um dos exemplos mais gritantes dessa carência é a invisibilidade da escravidão moderna no estudo da liberdade moderna. Invisibilidade ainda mais perturbadora porque não reside apenas na ocultação da escravidão propriamente dita ou na ausência de uma reflexão crítica a seu respeito, mas principalmente na

---

45 Ver a esse respeito, Varikas, Sentiment national, genre et ethnicité, *Tumultes*, n.11.
46 Mayer, op. cit.
47 Bauman, Sociology after the Holocaust, *The British Journal of Sociology*, v.39, n.4, p.469.
48 Ibid., p.495.

118 ELENI VARIKAS

dissociação ímpar entre essa reflexão e a interrogação sobre a natureza da liberdade dos modernos e seus desafios políticos. Essa dissociação não data de hoje; encontram-se traços dela bem cedo no pensamento das Luzes. Alguém tão hostil à escravidão quanto, como já o vimos, Alexander von Humboldt pode, assim, fazer experiências científicas visando ao aumento do ritmo de produção do açúcar – que depende do trabalho escravo – e descrever as grandes plantações cubanas como "empresas bem dirigidas e bem organizadas", nas quais a associação entre tecnologia avançada e intensificação exaustiva do trabalho escravo leva a um aumento sem precedentes da produção de açúcar.[49]

Uma tal disjunção remonta às origens do que se poderia chamar Ciência Política. Tocqueville fornece um dos primeiros exemplos ao tratar da escravidão e do destino reservado aos índios norte--americanos como assuntos à parte ou anexos, que não interferem em sua análise da democracia e da relação liberdade/igualdade que a subtende: "Eles são americanos sem serem democratas, e foi principalmente a democracia que eu quis retratar".[50] Se, mais de um século depois, Hannah Arendt qualifica a exclusão dos índios e dos negros de "crime primordial sobre o qual se apoiava a estrutura da sociedade americana",[51] essa exclusão, que fez da res publica norte-americana o que alguns chamam, não sem razão, uma "raça publica",[52] encontra-se igualmente disjunta da análise arendtiana da revolução.[53] Disjunta também sua análise magistral do imperialismo transcontinental inaugurado na África, da realidade dos africanos e da África, que, como mostrou recentemente Sonia Dayan-Herzbrun, permanecem prisioneiros do "mundo

---

49 Apud Portuondo, Plantation Factories: Science and Technology in Late--Eighteenth Century Cuba, *Technology and Culture*, v.44, n.2, p.254.
50 Tocqueville, *De La Démocratie en Amérique*, p.427.
51 Arendt, *Essai sur la révolution*, p.101.
52 Cf. Gould, Free Carpenter, Venture Capitalist: Reading the Lives of the Early Black Atlantic, *American Literary History*, v.12, n.4, p.659.
53 Arendt, op. cit., p.101.

fantasma" de pré-humanidade ao qual os relegou a filosofia dos séculos XVIII e XIX.[54]

Tudo se passa como se, por uma artimanha de passa-passa epistemológico com efeitos intensos e duradouros, a relação antinômica entre liberdade e escravidão se apresentasse à reflexão sob a forma de uma relação entre a universalidade abstrata do conceito (a liberdade como regra geral da modernidade política) e a particularidade ou a dissonância do caso isolado (a não liberdade). Ora, como destacou Edmund S. Morgan, num ensaio de 1972 que se tornou clássico, o surgimento da liberdade é acompanhado pelo surgimento da escravidão do século XVII ao século XIX, e "esses dois desenvolvimentos contraditórios" não são meramente "simultâneos", mas "estritamente ligados e interdependentes".[55]

As divisões e compartimentalizações das disciplinas reforçam essa disjunção que torna invisível a experiência pária, permitindo, de boa-fé, que ainda hoje se ignore como "especializada", ou seja, reservada ao estudo da escravidão (da opressão das mulheres, dos colonizados, dos ciganos etc.), a importante produção teórica e historiográfica que põe em evidência esse paradoxo.

Quem sou eu? a questão da dupla consciência

> *Vivem-me duas almas, ah! no seio,*
> *Querem trilhar em tudo opostas sendas.*
>
> Goethe

Nesse contexto, como destaca Hannah Arendt, o pior perigo que ameaça o pária não é a exclusão em si mesma, mas o fato de que ela "o faça duvidar e desesperar de sua própria realidade, fazendo que

---

54 Dayan-Herzbrun, L'Afrique, monde fantôme et théâtre d'ombres. In: Arendt, *La Crise de l'État-nation.*

55 Morgan, Slavery and Freedom: the American Paradox, *The Journal of American History*, v.59, n.1, p.6 e 29.

sofra injustiças que em nenhum lugar são reconhecidas como tal".[56] A possibilidade de comunicar aos outros *quem* se é representa uma condição da pluralidade. Ora, manifestar sua singularidade aos outros e agir num mundo comum é justamente o que não é óbvio para o pária, cuja singularidade está confinada na homogeneidade da "raça" e para quem o acesso ao mundo está fechado pela segregação. "Quem sou eu, afinal de contas? Um norte-americano ou um negro? Posso ser os dois? Ou então devo o mais rapidamente possível deixar de ser negro para ser norte-americano?"[57] A questão de um pária ecoa à de outro: "Sou Judeu? Sou um homem? [...] como assim, não sou mais um homem porque sou judeu?".[58]

Tal é o dilema do pária, quer se chame Bernard Lazare ou W. E. B. Du Bois, quer seja judeu em pleno desenrolar do caso Dreyfus ou negro do Sul em pleno período de supremacia branca, sob a doutrina do *"separate but equal"*. Quer seja anarquista judeu diante dos gritos de "morte aos judeus!", ou intelectual negro em meio aos estupros e aos linchamentos, o pária é "estrangeiro sob seu próprio teto".[59] A questão de sua qualidade humana certamente se coloca, já que ela é seriamente posta em dúvida pela rejeição da convivência com ele, o que lhe outorga "uma *situação* de pária": "Mesmo entre os que são meus amigos, em alguns momentos [...] sinto que a comunicação moral e intelectual interrompe-se pela sobrevivência do preconceito. Um muro se ergue, eu sei, minha suscetibilidade aumenta, torna-se extrema, excessiva".[60]

Para W. E. B. Du Bois, esse "muro" que impede o negro emancipado de participar da comunidade branca apresenta-se como um "véu" de preconceito: "a crença sincera e exaltada segundo a qual em algum lugar entre o homem e o gado Deus criou um *tertium quid* e o chamou Negro, uma criatura simples, clownesca, às vezes

---

56 Apud Roviello, *Sens commun et modernité chez Hannah Arendt*, p.210.

57 Du Bois, The Conservation of Races. In: Brotz (Ed.), *African-American Social and Political Thought, 1850-1920*, p.488.

58 Lazare, *Le Fumier de Job*, p.26-7.

59 Du Bois, Strivings of the Negro People.

60 Lazare, op. cit., p.25.

A ESCÓRIA DO MUNDO   121

até enternecedora por força da fraqueza, mas sempre estritamente determinada a caminhar no interior do Véu".[61] Esse véu impede a comunicação entre ele e o mundo, confina-o na prisão da "raça" e desperta nele uma atração poderosa por todas as possibilidades extraordinárias que se encontram do outro lado do véu.[62] Assim como as "barreiras materiais" do gueto, substituídas pelo muro invisível erguido após a emancipação "entre os judeus e aqueles em meio aos quais ele vive",[63] os limites da plantação foram substituídos pela linha de cor (*color line*), que a Suprema Corte, no célebre processo "Plessy vs Ferguson" (1896), institucionalizou durante meio século. Ao impor um *apartheid* material e espiritual, essa linha também separava a consciência dividida do homem negro: "É uma sensação estranha, essa consciência duplicada, esse sentimento de se ver constantemente pelos olhos de um outro, de medir sua alma pela escala de um mundo que o considera um espetáculo, com uma diversão matizada de piedade desdenhosa".[64]

Dessa forma, ao se ver através do olhar inferiorizante do outro, esse outro que representa, ao mesmo tempo, os atrativos do mundo atrás do véu, o pária "vê dobrado", está interiormente clivado: "duas almas, dois pensamentos, duas lutas irreconciliáveis; dois ideais em guerra dentro de um só corpo negro, que apenas sua força inquebrantável resguarda da dilaceração".[65] Entretanto, essa clivagem não resulta apenas de uma tensão individual: também é o produto dos conflitos de uma sociedade obcecada pela história da opressão e da perseguição racistas. A noção de *dupla consciência*, desenvolvida por Du Bois em *As almas da gente negra*, procede simultaneamente da situação existencial *dentro-fora* do sujeito e de uma verdadeira peregrinação ao longo da história, dos sofrimentos e da cultura de um povo pária, a cujo destino o sujeito individual está inextricavelmente

---

61 Du Bois, *Les Âmes du peuple noir*, p.90.
62 Ibid.
63 Lazare, op. cit., p.98-9.
64 Du Bois, op. cit., p.11.
65 Ibid.

122 ELENI VARIKAS

ligado. Com efeito, embora a saída do gueto (e da plantação) seja coletiva, a entrada no mundo comum e a participação de seus benefícios exige bilhetes de entrada, e esses são individuais.[66] Por sua vez, esses "bilhetes de entrada" pressupõem uma rejeição, um distanciamento em relação aos seus semelhantes que, como escreveu ironicamente Lazare, não conheceram "os benefícios" civilizadores da emancipação e "que são insultados e escarnecidos como escravos e não como cidadãos livres".[67] Essa tensão entre a aspiração individual a participar de um mundo comum e o pertencimento ao grupo estigmatizado é explorada pela problemática da dupla consciência. Para W. E. B. Du Bois, a dupla consciência bebe numa tripla herança cultural: a tradição do romantismo europeu (Goethe, George Eliot), o transcendentalismo[68] e os estudos de Psicologia sobre a personalidade dividida, em pleno desenvolvimento nos Estados Unidos no final do século XIX. A dupla consciência reformula e explora, numa perspectiva pós-escravidão, os dilemas a que estão expostos os párias, que, privados dos meios de participar inteiramente de uma humanidade universal definida à sua custa, são individualmente chamados a "escolher" entre a exclusão e a assimilação.

Esse dilema está no âmago de *As almas da gente negra*, livro escrito, ao menos em parte, como uma crítica à corrente dirigida por Booker W. Washington, que conclamava os membros da comunidade negra a abandonar, ainda que provisoriamente, "o poder político, a exigência de direitos políticos e a instrução superior para a juventude negra, a fim de concentrar toda a sua energia na educação técnica, na acumulação de riquezas e na reconciliação com o

---

66 Bauman, Visas de sortie et billets d'entrée: les paradoxes de l'assimilation juive. In: Leibovici; Varikas (orgs.), Paria, une figure de la modernité, *Tumultes*, n.21-2.

67 Lazare, op. cit., p.25.

68 O transcendentalismo é um movimento literário, espiritual, cultural e filosófico, que emergiu na primeira metade do século XIX. O movimento, que inclui alguns intelectuais conhecidos, especialmente Ralph Waldo Emerson, mas também Henry Thoreau e Margareth Fuller, foi influenciado por Kant e pelo idealismo alemão e propunha uma revolução da consciência humana.

Sul".[69] Toda a obra de Du Bois estrondeia de indignação contra uma tal integração, considerada não apenas um insulto à memória das resistências que datam da escravidão, mas também uma capitulação diante da supremacia branca, que quer o "negro" em seu devido lugar. Ora, segundo Du Bois, o lugar do "negro" é na universidade, não para ganhar seu pão, mas para "conhecer a finalidade e o sentido desta vida alimentada por este pão". Pois, a que serviria uma liberdade que nutrisse "uma casta de servos"?[70] Ao constituir uma elite educada, os jovens negros (os muito discutidos e discutíveis *Talented Tenth*) poderiam confrontar o racismo e, junto com uma elite branca, fazer triunfar "a civilização americana". Ao se recusar a abandonar uma das duas tradições, reivindicando a tensão entre as duas identidades, Du Bois faz da dualidade social e existencial do pária o lugar em que se inventa uma nova humanidade, permitindo ser negro *e* norte-americano, sem ser "amaldiçoado por seus semelhantes".

Do outro lado do oceano, a experiência da emancipação apenas reforçou esse dilema, exigindo que os párias renunciassem ao que eram. Aos olhos das maiorias nacionais, os judeus permaneciam membros da minoria emancipada e desprezada, carregando sempre os estigmas de seu pertencimento, visíveis aos olhos de todos. A "condição de inferioridade dos judeus era ignorada por um esforço de vontade, e não eliminada por uma igualdade real".[71] Colocados entre a maioria cristã, que os tolerava, e a maioria de seus semelhantes, dos quais se afastavam cada vez mais, tinham dificuldade em promover e criar com os outros um mundo comum, quer dizer, aberto à comunicação. Acabaram por acreditar que o problema era efetivamente sua diferença, procurando mudar sua particularidade por uma outra (nacional, religiosa, cultural) que se paramentasse com as aparências do universal.[72] Dessa forma, pode-se compreender

---

69 Dorlin, *Les Ruses de la raison dominante: les résistances au risque de la racialisation*, p.190. *Raisons politiques*, n.21, p.163.

70 Apud Dorlin, ibid., p.164.

71 Katz, *Hors du ghetto: l'émancipation des juifs en Europe*, p.217-9.

72 Bauman, op. cit.

o ímpeto desses jovens entusiasmados pela universalidade, como Heinrich Heine, Karl Marx, Rosa Luxemburgo – todos situados, ao mesmo tempo, dentro e fora de seu meio – para escapar dessa pressão, por um ato verdadeiramente universal, que prometesse abolir o sofrimento humano. Daí também, a situação inconfortável e universalmente detestada do assimilado, sempre inquieto por não fazer o suficiente para se diferenciar do grupo pária de que saiu, tal como o barão Erzel Ginzburg, em 1856: recém-nobilitado, implorava ao czar a favor desses judeus "que desenvolveram, há muitos anos, a vida, as atividades e os recursos do país", contrariamente "às outras categorias de judeus, que ainda não deram provas de suas boas intenções, de sua utilidade e de seu empenho". Suplicava ao "gracioso monarca de separar o joio do trigo".[73]

Do judeu da corte ao judeu excepcional emancipado, ninguém traçou um retrato tão completo e tão impiedoso do assimilado e de sua arrogância diante de seus semelhantes quanto Hannah Arendt. E ninguém compreendeu tão depressa e tão profundamente quanto ela a que ponto a era da "raça", a distinção entre assimilado e pária, torna-se frágil. Afinal de contas, o próprio Dreyfus era um assimilado que se viu pária de um só golpe, tão depressa quanto Grégor Samsa, em *A metamorfose*, ao acordar de manhã transformado num inseto repugnante.[74] Considerando a maneira dicotômica e complementar pela qual é construída a diferença infamante, mesmo o mais assimilado dos párias não está ao abrigo do insulto. É um jogo de enganos que não se pode nunca ganhar, tanto as regras são inventadas e modificadas pelos dominantes. Madame de Staël, que fez da *mulher extraordinária* uma das primeiras figuras do pária, compreendeu bem cedo essa lógica implacável, que só concede às mulheres uma escolha ambígua: "Seu destino parece, em alguns aspectos, o dos libertos junto aos imperadores; se elas querem ganhar alguma ascendência, são recriminadas por um poder que as leis não

---

73 Apud Fischman, *East End Jewish Radicals: 1875-1914*, p.16.
74 A propósito da relação entre a obra de Kafka e o antissemitismo, Löwy, *Franz Kafka, rêveur insoumis*.

A ESCÓRIA DO MUNDO **125**

lhes deu; se permanecem escravas, oprime-se seu destino".[75] Um
século depois, Nietzsche confirmará esse veredito, à sua maneira:

> Revela corrupção dos instintos – sem falar de mau gosto – o
> fato de uma mulher invocar justamente Madame Roland, ou
> Madame de Staël, ou *Monsieur* George Sand, como se isso demons-
> trasse algo em favor da "mulher em si" entre os homens, as três
> citadas são mulheres *cômicas* em si – e nada mais![76]

Enfim, como judiciosamente relembra Zygmunt Bauman, pessoas que em sua terra "haviam combatido seus próprios orientais
com unhas e dentes poderiam facilmente, uma vez distantes de alguns
milhares de quilômetros, serem os exemplos desprezíveis da ameaça
oriental ordinária". Os "mendigos arrogantes" ou os *"schnorrers* gale-
gos" dos judeus alemães, em seu país de origem, eram os cavaleiros
valentes da cultura europeia contra os *litwaks".*[77] Bernard Lazare se
exprime em termos mais poéticos: "Antigamente, diz Plutarco, o
templo de Leucoteia era interdito às mulheres escravas, à exceção
de uma só que as damas romanas introduziam batendo-lhe na face.
Assim o raro judeu na sociedade. Nós o admitimos aos bofetões".[78]
No entanto, é difícil abranger a complexidade das estratégias
adotadas pelos párias quanto à diferença e à identidade estigmatizada dentro de esquemas binários do tipo *assimilado/pária* ou
mesmo *assimilado/pária consciente*, como muitas vezes somos
tentados a fazer. O valor heurístico de um conceito em que se pode
incluir tanto o barão Ginzburg e, digamos, Rosa Luxemburgo ou
Marx, parece bastante limitado. No entanto, este último bem poderia ser qualificado de "assimilado", ainda que fosse apenas por sua

---

75 Staël, op. cit.
76 Nietzsche, *Par-delà le bien et le mal*, p.221.
77 Bauman, op. cit., p.292. O *schnorrer*, em iídiche, é aquele que se faz de miserável
   para obter alguma coisa. Os *litwaks* são os judeus lituanos.
78 Lazare, op. cit., p.41.

"obra falsa e injusta sob muitos aspectos",[79] a saber, *Sobre a questão judaica*. Entretanto, se ele encontra graça aos olhos de Hannah Arendt, e não exclusivamente aos seus, foi por ter impiedosamente exposto as "maquinações dos ricos judeus" que haviam sacrificado "os direitos humanos universais em troca de privilégios especiais para sua própria classe".[80] Marx, porém, fazia parte desses *judeus excepcionais*, que escaparam da "condição modesta de seu povo" pela cultura.[81]

Mas, numa sociedade sem castas, que dá ao judeu uma condição de pária, *todo* judeu, *todo* pária que se afirma como sujeito, não teria uma condição de exceção? "Julgava-me irmão dos que me cercavam e, no dia em que despertei, ouvi que me diziam de um outro sangue, de uma outra terra, de um outro céu, de uma outra fraternidade."[82]

A exceção não é, então, o modo ordinário da existência pária? A figura do assimilado, que se prestou a análises sutis e penetrantes sobre as antinomias da emancipação – e que, infelizmente, ainda conserva uma atualidade palpitante –, mostra-se mais discutível quando insinua uma classificação normativa das atitudes perante uma identidade, ou pior ainda, quando se refere a uma verdade ou a uma autenticidade identitária. O binômio sartriano judeu autêntico-inautêntico é, desse ponto de vista, ainda mais discutível. Por um lado, ele denota uma grande ignorância do outro, mesmo quando alega se interessar por ele, ao omitir a relação notória do judaísmo com o passado, mas também a relação com a história como produtora de identidade. Por outro lado, define as essências e não os processos. Ora, as identidades são estados em formação, que se modelam ao renegociar, ao reprimir ou liberar, a relação entre singularidade e mundo comum, particular e universal. Elas "nos cativam pelo que não somos e, no entanto, ainda poderíamos vir a ser".[83]

---

79 Arendt, *La Tradition cachée*, p.155.
80 Ibid.
81 Ibid., p.154.
82 Ibid., p.25.
83 Bauman, *Postmodernity and its Discontents*, p.73.

A ESCÓRIA DO MUNDO 127

O conceito de "dupla consciência" permite aprofundar esse jogo complexo das identidades, tomadas como renegociações em relações de força precisas, e não como categorias fixas e eternas. Esse conceito oferece a oportunidade de problematizar e pensar *em conjunto* a relação entre as identificações e as conexões escolhidas e as que pertencem à ordem do que é dado, "entre a pessoa que escolhemos ser e as coisas que determinam nossa individualidade porque nos foram impostas".[84] Permite compreender a identidade como um processo ativo de criação contínua, que, como sugere Franz Fanon, "introduz a invenção na existência".[85] Por isso, ela acarreta uma *responsabilidade*, pois somos responsáveis pelas identificações e desidentificações pelas quais nos reinventamos, assim como pelas tradições que assumimos por nossa conta, à exclusão de outras possíveis. A dificuldade em assumir uma tal responsabilidade é poderosamente expressa na incapacidade de se distanciar publicamente das identidades cujo poder unificador depende de um nacionalismo exclusivista e sexista, que designa as mulheres à função de guardiãs do orgulho exclusivamente viril da raça. O exemplo da One Million Man March a Washington, em 1995, reservada aos homens afro-americanos, ilustra bem essa dificuldade, manifesta na impossibilidade de resistir ao apelo do reverendo Louis Farrakhan, da Nação do Islã, formulado nos seguintes termos: "Nenhuma nação é respeitada se vai à guerra com as mulheres nas trincheiras, enquanto os homens ficam em casa para cozinhar. Toda nação que vai à guerra põe à prova a fibra viril dessa nação. E ir a Washington para exigir justiça para nosso povo é como ir à guerra".[86] Mas essa dificuldade se manifesta também na tentação, permanente na história do feminismo, de promover a igualdade de sexo aderindo a uma identidade nacional que se serve da "causa das mulheres" para justificar a dominação exercida sobre as classes subalternas e os colonizados, homens e

---

84 Gilroy, *Between Camps. Nations, Cultures and the Allures of Race*, p.106.

85 Fanon, *Peau noir, masques blancs*, p.186.

86 Apud Gilroy, op. cit., p.127.

128 ELENI VARIKAS

mulheres. A crítica de Virginia Woolf ao movimento majoritário das sufragistas inglesas vem à cabeça. Uma crítica que procura pensar a liberdade das mulheres tal como está limitada, por um lado, pela "nulidade" e o "servilismo" do sistema patriarcal e, do outro, pela entrada num mundo capitalista e imperial que obriga a gravar em volta do pescoço, "como o endereço na coleira de um cachorro", as palavras: "por Deus e pelo Império".[87] A liberdade das mulheres está associada à sua capacidade de recusar essas duas opções, de manter-se no umbral desses dois mundos, ao abrigo de todas as falsas lealdades, inclusive a referente ao seu sexo.

Desenvolvida a partir desse tipo de posicionamento, a problemática da *dupla consciência* coloca a questão da instabilidade e da impureza constitutivas dos processos de identificação-desidentificação que marcam a formação de uma subjetividade que nada tem da segurança do *Eu* "bem alimentado, bem educado, livre", jamais "frustrado ou atormentado".[88] A impossibilidade de falar da fragmentação, dos desastres, das humilhações e da impotência do pária com a voz de um sujeito coerente e unificado torna-se exatamente ponto de partida para uma reflexão sobre um sujeito dividido, que, como também sugere a definição de Du Bois, nada tem de soberano ou de heroico: "velado" e com uma "segunda visão" sobre esse mundo que não lhe concede nenhuma consciência autêntica de si mesmo.

Ora, a segunda visão não é apenas uma maldição, também é um benefício. Num mundo regido por estereótipos racistas, ela deixa explorar, de modo imaginativo, os possíveis "acima do véu". Apesar de seu caráter elitista, a visão do *Talented Tenth*, a vanguarda negra que arrancará seus semelhantes da miséria e do desprezo, entretanto, também pende para uma utopia de mundos desracializados (*uncolored*). Mundos por vir, em que as gerações de jovens negro(a)s poderão assumir a figura de intelectual negro e transformar essa figura, que

---

87 Woolf, *Trois guinées*, p.76.
88 Woolf, *Une chambre à soi*, p.146.

A ESCÓRIA DO MUNDO **129**

o racismo havia construído como um oximoro, em "coparticipante do reino da cultura".[89]

> Estou sentado ao lado de Shakespeare e ele não pestaneja. Ultrapasso a linha de cor e vou de braços dados com Balzac e Dumas para onde edifícios de ouro abrigam homens sorridentes e mulheres acolhedoras, todos resplandescentes [...] Convoco Aristóteles, Marco Aurélio e todas as almas que desejar, e vêm, graciosamente, sem desprezo nem condescendência. Assim, casado com a Verdade, moro acima do Véu. [...]. Você tem tanto medo que do alto deste monte Pisga, entre filisteus e amalecitas, nós avistemos a Terra Prometida?[90]

Ver a Terra Prometida está, então, inextricavelmente ligado à possibilidade de cruzar, no olhar dos outros, algo que não seja mais desprezo ou condescendência. Pois "ver dobrado", para o pária, é também se ver no espelho de dois mundos separados, "ambos [os quais] se equivocam sobre ele", é "não estar [...] à vontade em nenhum deles".[91] Ralph Ellison explora de maneira magistral essa temática da dualidade do "homem de dois mundos" e de seu combate pela autodefinição – talvez porque ele próprio tenha sido muitas vezes visto como um assimilado de sua "raça". Em sua novela, intitulada *Strange Country* [País estranho], um marinheiro afro-americano, brutalmente espancado por seus camaradas durante um blecaute, debate-se entre "os aspectos 'americanos' penosos de sua identidade", e finalmente é salvo por um grupo de galeses que, para sua grande surpresa, o acolhem, o chamam amigavelmente *"Black Yank"* e o convidam para um clube privado, onde cantam em sua homenagem o hino nacional norte-americano.[92]

---

89 Posnock, How It Feels to Be a Problem: Du Bois, Fanon and the "Impossible Life" of the Black Intellectual, *Critical Inquiry*, v.23, n.9.

90 Du Bois, op. cit., p.107-8.

91 Ellison, op. cit., p.XI.

92 Ellison, *Flying Home and Other Stories*.

130   ELENI VARIKAS

Ver duplo numa perspectiva transatlântica e, mais precisamente, numa ida e volta América/Europa, permite tomar consciência dessa dualidade existencial cotidiana. Não que a Europa, como quer a lenda, seja necessariamente "menos racista". Du Bois não esquecerá jamais a voz troante de Treitschke, seu professor em Berlim, ao declarar, a propósito dos mulatos: *"Sie fühlen sich niedrig!"* (Eles se sentem inferiores!). Uma observação que parecia dirigida diretamente a ele: "Eu tinha a impressão de que ele me perfurava com o olhar, ainda que, na realidade, provavelmente nem tivesse me notado".[93] Mas a perspectiva cruzada Europa/América serve de ocasião para um aprofundamento das reflexões, como ilustra o episódio, relatado por Baldwin, de seu primeiro dia num pequeno vilarejo suíço. Os gritos excitados das crianças do vilarejo: "Um Negro! Um Negro!" trazem de volta à lembrança sua infância no Harlem, reavivando o sentimento de ser reduzido a um nome, cujo significado infelizmente não era exótico, e sim infamante.[94] Essa evocação relembra-lhe que não é possível escapar da prisão da "raça" num confim inocente e que, parafraseando Kaváfis, *Harlem o seguirá*. Mas a tensão que acarreta a tomada de distância inevitável do viajante do outro lado do Atlântico, seu duplo efeito de estranhamento, deixam pensar e identificar a inquietação cotidiana, tornar audível o "silêncio ressonante e perigoso"[95] das coisas não ditas:

> A história da brutalidade racista da linha de cor – uma história que relativiza e contesta qualquer pretensão aos direitos da democracia na América. Essa história escondida atrás da *doxa* progressista segundo a qual a barbárie está destinada a desaparecer com a democratização da sociedade.[96]

---

93 Du Bois, *Dusk of Dawn*, p.626.
94 Baldwin, Stranger in a Village, apud Posnock, op. cit., p.357.
95 Baldwin, Many Thousands Gone. In: *The Price of the Ticket: Collected Nonfiction: (1948-1985)*, p.65.
96 Ibid.

A ESCÓRIA DO MUNDO **131**

Se fosse dita, essa história devolveria à sociedade norte-americana "uma imagem das mais detestáveis", ao recordar quanto os direitos da democracia na América do Norte devem, precisamente, a essa barbárie da *color line*.[97] É o que cria o interesse da dupla visão: "ver" e fazer ver, "a imagem detestável" que a sociedade mostra quando é vista pela perspectiva do, da, *dos* párias.

Escrito antes do movimento pelos direitos civis (*civil rights*), esse texto de James Baldwin é de grande interesse por inflectir ou, pelo menos, redeterminar, o que é "duplo" na dupla consciência. Não se trata simplesmente de fundir "duas almas", "dois ideais" paralelos. A questão não diz respeito exclusivamente aos negros, é um problema norte-americano, um problema que, embora de maneira diferente, é tanto dos norte-americanos brancos quanto de seus compatriotas negros. Essa é a questão da democracia, ou, antes, da não democracia norte-americana, perpetuada não só por leis injustas e práticas de terror no Sul, mas também pela ocultação e pela invisibilidade da supremacia branca constitutiva dessa democracia, de que, por um *gentlemen's agreement*, não se fala nunca. Ora, conforme a lógica do puro e do impuro, essa supremacia fabrica o branco ao mesmo tempo que o negro, de modo que não se pode libertar o negro do desprezo sem afrontar a *pureza* dos brancos. Assim, explodir essa verdade à luz do dia é tanto uma responsabilidade dos brancos como dos negros, como escreveu Baldwin em 1971 numa carta aberta a Angela Davis, presa e acusada de conspiração e assassinato: "Alguns de *nós, brancos e negros*, sabemos que preço já foi pago para engendrar uma nova consciência, um novo povo, uma nação sem precedentes. Se sabemos e nada fazemos, somos piores que os assassinos recrutados em nosso nome".[98]

A evidência dessa superioridade do "branco", como destaca magistralmente Ellison, torna possível a "alta visibilidade" dos negros (logo, sua exigência ilegítima de igualdade) e sua

---

97 Ibid.

98 Baldwin, An Open Letter to My Sister, Miss Angela Davis. In: Davis, *If They Come in the Morning. Voices of Resistance*, p.23.

invisibilidade como objetos de desumanização. Por isso, eles são tão invisíveis diante da vitrine da Macy's, em plena Nova York, "quanto sob a luz das tochas durante os ritos sacrificiais em honra da supremacia branca" da Ku-Klux-Klan. Pois, "o que é comumente aceito como história passada, na realidade faz parte da experiência presente".[99]

Furtivo, implacável, ardiloso, o passado que não passa ronda em silêncio o presente. Como no universo proustiano, que a descrição de Baldwin surpreendentemente relembra, cada vez que, num coquetel, num jantar na cidade, o rosto de um negro se crispa, há coisas não ditas, indizíveis,[100] que confirmam que nada mudou, apesar da igualdade formal. Aos próprios riscos e perigos, é o que descobrirá Phil Green (Gregory Peck), o jornalista do notável filme de Elia Kazan, *A luz é para todos* (*Gentleman's Agreement*), obrigado a se passar por judeu antes de descobrir de *dentro* e provar a existência de um antissemitismo virulento mas latente nos Estados Unidos do pós-guerra. Não entre os antissemitas toscos, que seriam capazes de espancar até a morte um judeu, mas entre as pessoas de bem, as pessoas gentis e cultas, que acham que o antissemitismo está longe, muito longe.

É possível ser negro e britânico? Árabe e francês? Muçulmano e europeu? Feminista e antirracista? A questão que ronda os párias dos dois últimos séculos, longe de ter encontrado resposta, reemerge hoje sob formas ainda mais inquietantes.

---

99 Ellison, *Invisible Man*, p.XIII.
100 Ibid.

Os últimos serão os primeiros?

Potencial crítico e aporias de uma revolta pária na moral

Mas o tempo da vinda da Mulher está próximo e a Humanidade deixará os caminhos fatais do progresso pela dor [...][1]

Jeanne Deroin

Se nada somos em tal mundo
Sejamos tudo

A Internacional

Awake, O Ancient Race![2]

W. E. B. Du Bois

---

1 Deroin, *Almanach des femmes*.
2 Trad.: "Acorda, oh Raça Antiga!". (N. T.)

> *We bear the brunt of sexist, racist and classist oppression. At the same time we are a group that has not been socialized to assume the role of exploiter oppressor in that we are allowed no institutionalized "other" that we can exploit or oppress.*[3]
>
> bell hooks

Nietzsche é o primeiro a utilizar a palavra "pária" (ou "tchandala") ao se referir à revolta dos grupos sociais mais desfavorecidos contra as camadas privilegiadas. Ao desmascarar a hipocrisia de uma burguesia triunfante, proclamou em voz alta o que a anima na realidade, por detrás de seus princípios pretensamente universais e humanistas: "A vida mesma é *essencialmente* apropriação, ofensa, sujeição do que é estranho e mais fraco [...]".[4] Em discordância com uma cultura que alega que "a ação moral seria razoável",[5] ele afirma que a vontade de poder representa, desde sempre, o princípio da vida na terra,[6] o "fato primordial de toda a história"[7] e que a "moral dos senhores", que dele deriva, apoia-se na "equação de valores aristocrática (bom = nobre = poderoso = belo = feliz = caro aos deuses)".[8]

Para Nietzsche, essa moral dos senhores desmorona sob a influência do espírito moderno e de seus postulados democráticos, dos quais a Revolução Francesa constitui o ponto culminante. É o coroamento de um longo processo subterrâneo, de vários séculos, durante os quais se preparou a revolta dos escravos na moral que remonta à tradição judaica retomada pelo cristianismo.

---

3 Trad.: "Carregamos o fardo da opressão sexista, racista, classista. Ao mesmo tempo, somos um grupo que não foi socializado para assumir o papel de explorador opressor, porque não nos é dado nenhum 'outro' institucionalizado que possamos explorar ou oprimir". (N. T.)

4 Nietzsche, *Par-delà le bien et le mal*, p.154-5.

5 Horkheimer; Adorno, *La Dialectique de la raison*, em especial o capítulo "Juliette ou raison et morale".

6 Nietzsche, *L'Antéchrist*, p.37.

7 Id., *Par-delà le bien et le mal*, p.155.

8 Id., *Généalogie de la morale*, p.40.

A ESCÓRIA DO MUNDO 135

"Foram os judeus que, com apavorante coerência, ousaram inverter a equação de valores aristocrática [...] e se apegaram a essa inversão, a saber, os miseráveis somente são os bons."[9] De Jesus de Nazaré, última "isca" de um povo pária para impor o triunfo de sua moral de escravo,[10] à "canalha socialista",[11] segundo ele, essa genealogia não parou de operar uma transmutação radical dos valores dominantes, minando a hierarquia social e transformando os oprimidos, os excluídos, os subalternos em sujeitos privilegiados de uma redenção futura.

Vimos, no primeiro capítulo, o contexto semântico e político, marcado pelo imaginário racista, da circulação do termo "tschandala" na cultura germanófona da virada do século XIX e as metáforas de degenerescência racial utilizadas por Nietzsche para ilustrar a genealogia pária da moral. O conjunto dessa temática mereceria ser revisitado, numa perspectiva de correlação entre "forma" e "conteúdo". Uma tal perspectiva, curiosamente ausente das leituras mais minuciosas de Nietzsche, traria à luz os estereótipos racistas que modelam os termos nos quais se desenrola o pensamento teórico do filósofo alemão e limitam seu alcance crítico. Mas o que nos interessa aqui é a perspicácia de uma análise que conceitualiza uma moral propriamente pária, dessa vez, no sentido pejorativo de delinquente e, diríamos, colonial do termo, como indica o amálgama de metáforas organicistas e do cientificismo racista, que ressignifica o vocabulário do pária ("o odor da decadência", o "judeu perturbado" e o "negro" como representações emblemáticas do Outro, o "cachorro" remetendo ao "pariah dog" e que, no vocabulário de Nietzsche, porta as características do judeu, da mulher, do escravo). Apesar de sua violenta denúncia da "conjuração" permanente dos párias – ou talvez por causa dela –, Nietzsche oferece uma entrada privilegiada para esclarecer alguns aspectos do processo ideológico que marca a

---

9 Ibid.
10 Ibid., p.42.
11 Id., *L'Antéchrist*, p.100.

136 ELENI VARIKAS

consciência pária e, mais amplamente, a consciência dos oprimidos nas sociedades modernas.

Raras são, com efeito, as revoltas de oprimidos não caracterizadas, ao menos num primeiro momento, por essa articulação entre a inversão da escala hierárquica dos valores dominantes e o desenvolvimento de escatologias messiânicas religiosas ou seculares. A Revolução Francesa é um exemplo perfeito disso, ela que fez da construção de um Estado-nação – exemplo de particularismo histórico por excelência – o símbolo de uma redenção universal.

Segundo Max Weber, ao contrário das comunidades étnicas não párias, que podem acreditar na supremacia de seus próprios valores ou modos de vida, a comunidade pária é coagida, de fato, a reconhecer que não poderia aspirar à honra conferida aos grupos privilegiados que a excluem. Entretanto, mesmo os povos párias mais desprezados conseguem manter, de alguma maneira, a crença em sua dignidade. Com a diferença de que o sentido de dignidade não se alicerça sobre a mesma base de referência, conforme seja um grupo privilegiado, ou, ao contrário, um grupo desprezado. No primeiro, é o sentido atual do grupo *aqui e agora*, sua superioridade e sua excelência que justificam a supremacia: seu reino é deste mundo. Por outro lado, num grupo desprezado, o sentido da dignidade se alicerça num futuro a construir neste mundo ou no além. Segundo Weber, a dignidade pária se apoia "numa 'promessa' que lhes foi 'assegurada', ligada a uma 'função', uma 'missão' ou uma 'vocação' a eles designada".[12] Essa promessa é constitutiva do que é considerada a própria "essência" do grupo dominado, ou seja, do que o diferencia das camadas dominantes e o transforma em objeto de opróbrio ou de desprezo.

A altivez e a honra do pária estão, pois, intrinsecamente ligadas a um certo tipo de religiosidade da salvação, que se desenvolve mais amiúde nas camadas mais desfavorecidas, as que justamente sentem mais intensamente a necessidade de redenção. A "sede de uma dignidade que não lhes é concedida neste mundo produz essa

---

12 Weber, *Économie et société*, p.511.

A ESCÓRIA DO MUNDO **137**

concepção da qual emerge a ideia de uma Providência"; ou seja, de uma instância divina, que possua outra hierarquia de condição social. Uma instância que dê, assim, um sentido à situação dos párias, pela promessa de uma retribuição justa "no futuro ou no além".[13] Desse modo, desde o século XIX, como sabemos, diversos grupos sociais se identificaram a essa ideologia de "povo eleito": a nação, o povo, os pobres, sobretudo o proletariado, viram-se investidos da missão providencial ou histórica de salvar a humanidade ou a "civilização".[14]

Em lugar algum essa "lógica formidável" se manifestou tão poderosamente, em lugar algum essa moral da impotência contribuiu tanto à constituição de um grupo oprimido em sujeito de sua própria emancipação como na história das lutas dos negros norte-americanos e dos movimentos das mulheres pela emancipação no Ocidente. E também, talvez, em lugar algum as contradições, que Nietzsche aponta com tanta acuidade, tenham se manifestado de maneira tão problemática e tão duradoura.

Embora em 1791 Olympe de Gouges já fundamentasse sua Declaração dos Direitos da Mulher e da Cidadã na ideia que "a ignorância, o esquecimento ou o desprezo dos direitos da mulher são as 'únicas' causas das desgraças públicas e da corrupção dos governos",[15] o tema da "Mulher Salvadora" só se difunde no discurso feminista a partir dos anos 1830, com o aparecimento dos primeiros coletivos de mulheres em torno da utopia socialista. Porém, ao contrário do messianismo negro norte-americano, derivado de uma reapropriação criativa do profetismo bíblico, o tema da mulher salvadora não tem sua origem nos movimentos das mulheres. Seja sob a influência da "filoginia" são-simoniana ou romântica na França,[16] no contexto do que foi chamado

---

13 Ibid., p.269.

14 Talmon, *Political Messianism: The Romantic Phase*, p.229-94.

15 Gouges, *Œuvres*, p.102.

16 Riot-Sarcey; Varikas, Feminist Consciousness in the 19th Century: A Pariah Consciousness?, *Praxis International*, n.5.

"feminização" do calvinismo nos Estados Unidos,[17] ou no do irredentismo e no peso que ele atribuía à língua materna na Grécia,[18] esse tema – e as definições do feminino que ele mobiliza – não vem das mulheres, mas dos homens. Desenvolve-se no contexto de uma reformulação da distinção sexuada privado-pública, com uma valorização da divisão dos sexos e da doutrina das duas esferas, que atinge seu apogeu no século XIX. Retomando à sua maneira o potencial redentor atribuído à "mulher", as feministas o transformam em bandeira sob a qual são travadas suas lutas pela emancipação.

> Eu compartilho com firmeza a fé de que da mulher virá a redenção do gênero humano. E por causa dessa fé, exijo sua emancipação imediata e incondicional.[19]
>
> A mulher é a retaguarda que a Providência havia [...] mantido afastada, na passividade e no desprezo, para fazê-la emergir da obscuridade [...] a fim de impedir a aniquilação completa da humanidade.[20]
>
> Oh, Mulher! Mãe do gênero humano, que resumes em teu seio todas as dores, tu que sofreste todos os martírios, levanta-te e fala em nome da humanidade: o próprio Deus te ordena.[21]

Essa dimensão redentora remonta de fato à herança judaico--cristã, que postula que "os últimos serão os primeiros". Uma herança que permite pensar, como disse W. E. B. Du Bois, num tom próximo à teologia da libertação atual, que Deus era um deus dos deserdados e que Ele aparecia nos lugares onde havia sofrimento

---

17 Welter, The Feminisation of American Religion 1800-1860. In: Hartman; Banner (Dirs.), Clio's Cousciousness Raised: New Perspectives on the History of Women. Ver também Banks, Faces of Feminism.

18 Varikas, La Révolte des dames: genèse d'une conscience féminine dans la Grèce du XIXe siècle (em grego).

19 Anthony, Social Purity apud Kraditor, Up From the Pedestal, p.167.

20 Parren, Les Femmes dans l'avenir, Jounal des Dames, 21 fev. 1888.

21 Deroin, Cours de droit social pour les femmes.

A ESCÓRIA DO MUNDO **139**

para incitar os oprimidos a desempenharem um papel messiânico na sociedade.[22] Uma herança tão poderosa que consegue se impor inclusive às correntes de caráter claramente secular, como é o caso das feministas gregas do final do século XIX, que aliás sequer hesitam, às vezes, em citar suas fontes: "Eis o que se aprende nas Escrituras: é dos humildes e dos sofredores [...] dos pecadores e das mulheres que esses livros inspirados fizeram depender o triunfo da verdade e da justiça".[23]

O que caracteriza esse discurso é que os párias são ora os portadores, ora os objetos da salvação. Segundo Weber, é uma ambiguidade que se encontra no centro da ideologia do "povo eleito" e permite restituir duplamente a dignidade dos dominados. Não apenas eles não merecem sua condição humilhante, pois eles (ou elas) estão predestinado(a)s à redenção, como sua própria salvação traz consigo a do conjunto da humanidade. E é justamente por essa visão, que faz depender a salvação do mundo daqueles e daquelas que são considerados a escória desse mundo, que se opera a transmutação radical dos valores dominantes.

Proibidos de se instruir sob pena de morte, os escravos negros se apossaram dessas mesmas histórias bíblicas e de suas promessas para compreender sua situação e lhe dar um sentido. Imaginaram-se, também eles, o povo eleito por Deus, cujo sofrimento estava inextricavelmente ligado à redenção. E os párias são "chamado(a)s" a cumprir essa missão providencial por causa daquilo que os diferencia de seus opressores. Ao devolver o estigma aos que o desprezam ("a gentalha e a corja dos mundos brancos", origem da opressão e do sofrimento dos africanos e afro-americanos[24]), o pária legitima a reivindicação de seus direitos de existir tal como é. Ele afirma que "o sangue do negro traz uma mensagem para o mundo".[25] Ou como proclamaram as revolucionárias de 1848, somente as

---

22 Du Bois, On Race and Culture, p.121.
23 Parren, Le Nouveau contrat, *Jounal des Dames*, 16 dez. 2001.
24 Du Bois, The Riddle of the Sphinx, p.120.
25 Sunquist (org.), *The Oxford W. E. B. Du Bois Reader*, p.102. Grifos meus.

mulheres dispõem "de um coração generoso e de um devotamento sincero"[26] e somente elas poderiam substituir, de acordo com a expressão de Hubertine Auclert, o "Estado minotauro", instaurado pelos homens, pelo "Estado-mãe-de-família"![27] Assim, o potencial redentor do pária cria raízes no que é a própria "essência" do oprimido, naquilo que nele e nela é considerado negativo e inferior, em sua sujeição total, sua passividade, sua impotência em responder à violência com violência. Essa passividade, retruca Nietzsche, reveste "a roupagem pomposa da virtude que cala, renuncia, espera".[28] Embora se trate de um empreendimento da impotência, embora ela transforme a necessidade em virtude, seria errôneo reduzi-lo a "esta prudência primaríssima, que até os insetos possuem (os quais se fazem de mortos [...])".[29] A oposição aos valores "dominantes" age principalmente como restituição de uma dignidade coletiva, na qual todos os membros do grupo pária são chamados a se reconhecer, pois presume-se que compartilhem essas qualidades decretadas superiores. Qualidades que os definem como grupo à parte e que os opõem a seus opressores, que são, desde logo, constituídos como grupo social antagonista. Em vez de ser uma deficiência, um caráter justificativo da opressão e da exclusão, "a diferença" se torna, então, uma prova de eleição, a origem de uma identidade valorizada, suscetível de convencer os párias de seus plenos direitos à humanidade e à cidadania, mas também de sua capacidade de intervir conscientemente para alcançá-los. Desse ponto de vista, a inversão da hierarquia dominante dos valores não é necessariamente uma mera "vingança imaginária";[30] ela pode se tornar um primeiro chamado à ação. Ação que parece duplamente legitimada: aos olhos dos próprios párias e aos olhos da sociedade que os exclui.

---

26 Apud Riot-Sarcey, La Conscience féministe des dames de 1848: Jeanne Deroin, Désirée Gay. In: Michaud (Dir.), *Un Fabuleux destin: Flora Tristan*, p.161.

27 Auclert, *La Citoyenne*, p.98.

28 Nietzsche, *Généalogie de la morale*, p.59.

29 Ibid.

30 Ibid, p.26. Willard apud Kraditor, *Up from the Pedestal*, p.319.

A ESCÓRIA DO MUNDO **141**

Nessa direção se reestruturou o messianismo de Martin Luther King, nos anos 1960:

> Há alguma coisa no espírito de nossos antepassados escravos que devemos retomar hoje. Do âmago de nosso ser, devemos cantar hoje: *"and before I'll be a slave, I'll be buried in my grave and go home to my Lord and be free"*. Esse espírito, essa vontade, esse sentimento agudo de ser alguém, é o primeiro passo e o mais decisivo que o Negro deve dar.[31]

Apelo à ação e à unidade, "porque quando os escravos se unem, o mar Vermelho se abre e os egípcios da escravidão se afundam".[32]

Um dos aspectos mais ricos e sempre atual da crítica nietzschiana trata justamente das fontes ideológicas dessa inversão, e mais precisamente, da contribuição do cristianismo como doutrina de consolação e paliativo do sofrimento dos oprimidos. Quando o padre tinha de lidar com "trabalhadores escravos ou prisioneiros (ou com mulheres, que são em geral ambos ao mesmo tempo, escravas e prisioneiras), necessitava ele de pouco mais que a pequena arte de mudar os nomes [...] para fazer com que vissem benefício e relativa felicidade em coisas até então odiadas".[33] "Mudar o nome", com efeito, é primordial no processo de tresvaloração e confere uma profunda ambiguidade à inversão da escala hierárquica de valores. Essa ambiguidade é particularmente manifesta e duradoura na constituição moderna do gênero. Ela está no centro da legitimação da distinção sexuada privado-pública, da divisão sexual do trabalho e das "funções" às quais está obrigado cada sexo no interior da sociedade burguesa do século XIX ocidental. A transformação da imoralidade da natureza feminina em pureza (que se deve proteger a qualquer preço das contaminações do "mundo" da política e do trabalho assalariado), a transformação da tradicional

---

31 King, *Where Do We Go From Here: Chaos or Community?*, p.124.
32 Ibid.
33 Nietzsche, op. cit., p.115.

142 ELENI VARIKAS

astúcia feminina em desinteresse e abnegação, mediante a glorificação da função materna, a diminuição da carga do pecado original em prol do culto marial nos países católicos, são algumas manifestações desse esforço de apresentar sob uma luz favorável a nova organização assimétrica do gênero e das relações sociais de sexo. As metáforas de poderio político ("rainha", "primeiro-ministro", "ministro das finanças" do lar) em que a retórica burguesa encobriu o enclausuramento da mulher na função doméstica são um exemplo desse procedimento, que consiste em remediar, por concessões semânticas, sua exclusão efetiva da cidadania. E como não pensar nas mudanças de nome sucessivas dos intocáveis indianos, chamados, nos anos 1930, castas "planificadas" (*scheduled castes*) pela administração britânica (para serem objeto da política de "discriminação positiva"), depois renomeados Harijan (filhos de Deus) por Gandhi, para então rejeitarem esse nome paternalista e adotarem outro, mais adequado e realista, dalits, quer dizer, oprimidos, massacrados.[34]

É verdade que, quando são justamente os oprimidos que se renomeiam, a dinâmica da tresvaloração pode ultrapassar o estágio das concessões semânticas que embelezam sua condição. Por um procedimento de ressignificação sistemática, a pureza feminina, em vez de confirmar a divisão desigual entre os sexos, torna-se, ao contrário, o argumento principal para a exigência dos direitos políticos. Ao não se contentarem com o papel de "ministras" do lar, as feministas europeias e norte-americanas do século XIX empregam, por sua vez, metáforas do trabalho doméstico para exigir sua parte na gestão da sociedade. Entrando no domínio da política, afirmam "enfim, a mulher poderá limpar essas cavalariças de Augias".[35] Porque o que é "pois, em definitivo o Estado, a não ser uma grande casa para administrar?".[36] As pretensões a uma visão social mais humana e mais justa estão, na origem, embasadas numa avaliação invertida

---

34 Nigam, La Question dalit comme critique de modernité. In: Leibovici; Varikas (orgs.), Paria, une figure de la modernité, *Tumultes*, n.21-22, p.12.

35 Willard apud Kraditor, op. cit., p.319.

36 Auclert, op. cit., p.106.

A ESCÓRIA DO MUNDO **143**

da "essência" dos homens e das mulheres – uma avaliação que, sem questioná-la, assume às avessas a percepção essencialista, homogênea e heterodefinida da diferença. Mas, à medida que essa inversão se torna um chamado à resistência, à medida que se traduz numa prática de lutas pela igualdade, ela é capaz de deslocar a argumentação do domínio da natureza ao da sociedade. Não é mais tanto a diferença biológica das mulheres, e sim, principalmente, sua posição de oprimidas, a exclusão milenar das instâncias do poder, que podem supostamente garantir a superioridade do projeto de sociedade de que o feminismo é portador. "A cupidez, a tirania [...], a injustiça são os produtos do reinado absoluto do homem".[37] Tendo até o presente "guiado sozinho os destinos da humanidade",[38] "o homem provou sua incapacidade de fazer desaparecer as desigualdades",[39] o que "torna urgente a convocação das mulheres ao governo".[40] Du Bois não diz coisa diferente quando associa "a missão divina das dirigentes negras de exercer o poder por sua experiência particular de sofrimento".[41] Seu argumento não se refere necessariamente a uma diferença essencial entre homens e mulheres negras, que as transformaria em portadoras dessa missão, mas sobretudo à existência de um ponto de vista sociológico.

Ao destacar sua irresponsabilidade fundamental pelos males da sociedade, os párias afirmam sua responsabilidade histórica e ética pela reparação desses males. Responsabilidade histórica, no sentido de que eles/elas representam "uma força ainda inaproveitada na cidade".[42] Responsabilidade ética, porque "mantida à distância do poder", essa força permaneceu pura "da sordidez que a ambição e o interesse pessoal alastraram na sociedade com uma intensidade

---

37 Parren, Sujets et objets d'injustice, *Journal des Dames*, 25 out. 1898.
38 Deroin, citada por Riot-Sarcey, La Conscience féministe des femmes de 1848, op. cit., p.161.
39 Anthony, apud Kraditor, *Up from the Pedestal*, p.165.
40 Auclert, op. cit., p.106
41 Du Bois, op. cit., p.122.
42 Parren, Les Femmes et la politique, *Journal des Dames*, 28 fev. 1899.

144 ELENI VARIKAS

perigosa".[43] Como escreveu ainda recentemente a eminente teórica negra norte-americana bell hooks, contrariamente às mulheres brancas, "somos um grupo que não foi socializado para assumir o papel de explorador e de opressor, porque não nos é dado nenhum 'outro' institucionalizado que possamos explorar ou oprimir".[44]

Os párias carregam a responsabilidade ética da redenção do mundo porque foram as vítimas e, muitas vezes, as vítimas "mais antigas" desse mundo. "O sofrimento, as provações milenares são o banho purificador que [os] destina à redenção."[45] Mantidos à distância da sociedade, eles/elas igualmente se mantiveram à distância do poder, de seus valores hierárquicos, de sua desumanidade. E o que determina sua superioridade é precisamente essa distância que marca a visão do(a) oprimido(a). A marginalização do pária, origem de sua dor, adquire enfim um sentido que não se orienta apenas para a liberação no céu, mas para uma redenção moral aqui embaixo de todos os (de todas as) que estejam disposto(a)s a abraçar a causa justa dos que lutam pela liberdade e pela autonomia individual.[46]

A marginalização do pária abre uma perspectiva crítica que, em razão mesmo de sua distância, pode englobar em seu olhar lúcido o conjunto das relações sociais injustas: "A palavra da Mulher Redentora será uma palavra soberanamente revoltante, porque será a mais ampla e, consequentemente, a mais satisfatória a toda palavra, a toda vontade",[47] escreveu Claire Démar em 1833, em "Ma loi d'avenir" [Minha lei do futuro]. A dissidente são-simoniana fazia parte dessa *intelligentsia* autodidata "proletaroide" que, segundo Max Weber, desenvolve um intelectualismo pária da redenção. Sua intensidade procede "do fato de que os estratos situados fora ou na

---

43 Ibid.

44 hooks, *Feminist Theory from Margin to Center*, p.13. Esta autora negra norte--americana escolheu que se escreva seu nome com letras minúsculas.

45 Parren, Les Femmes contre la déchéance de l'humanité. *Journal des Dames*, 7 maio 1895.

46 Gilroy, *Between Camps*, p.121.

47 Démar, Ma loi d'avenir (1833). In: *L'Affranchissement des femmes*, p.67.

A ESCÓRIA DO MUNDO   **145**

base da hierarquia social estão, de certo modo, no 'ponto arquimédico' das normas sociais". São camadas que "não estão ligadas pelas
convenções sociais naquilo que o senso comum costuma atribuir
aos cosmos".[48]

É essa *intelligentsia*, frequentemente autodidata ou com educação considerada inferior, e originária das camadas negativamente
privilegiadas, que busca um sentido de ponta a ponta para sua
vida.[49] Travamos conhecimento com alguns de seus representantes eminentes, Flora Tristan evidentemente, William Blake,
Jeanne Deroin. Mas seria preciso acrescentar todas essas figuras
do Atlântico negro – escravos, libertos, pregadores e poetas que
constituíram "uma tradição anti-hierárquica" e mostraram, como
escreveu C. R. L. James, que as pessoas comuns não precisam de
uma vanguarda intelectual (referência aos *Talented Tenth* de Du
Bois?) para "lhes soprar as respostas".[50] Uma tradição descontínua
que Paul Gilroy faz remontar a Olaudah Equiano (1745-1797),
antigo escravo, marinheiro e militante do movimento abolicionista
britânico, e a Phillis Wheatley, escrava e primeira poeta da literatura negra norte-americana.[51] Em sua narrativa autobiográfica,
Equiano nos transmitiu, com efeito, uma das primeiras visões do
outro visto por um adolescente africano capturado que, ao pôr
os olhos nas fisionomias estranhas terríveis de seus capturado-
res, está "convencido [de que ele estava] num mundo de maus
espíritos".[52] Em seu relato de vida, ele destaca a analogia gritante
que havia encontrado, no Antigo Testamento, entre o destino de seu
povo e o do povo judeu – uma analogia que "por si só sugeria" que
o primeiro pudesse descender do segundo. Uma hipótese ousada
que neutraliza as pretensões escravagistas de dar à escravidão um
fundamento bíblico, transformando o estigma da escravidão em
promessa de salvação. Pertencendo a uma geração marcada pelo

---

48 Weber, op. cit., p.525.
49 Ibid., p.524.
50 Gilroy, *L'Atlantique noir*, p.114.
51 Ibid. Ver também Gilroy, *Between Camps*, p.115-23.
52 Equiano, *The Interesting Narrative and Other Writings*, p.25.

146 ELENI VARIKAS

traumatismo profundo do desenraizamento brutal e da atrocidade da Passagem do Meio, Equiano e Wheatley testemunham também as modalidades de sua "entrada" nas sociedades ocidentais modernas: encontros, resistências e reapropriações, deslocamentos forçados e às vezes voluntários, alianças políticas inesperadas e cruzamentos de ideias pelos quais indivíduos conquistados, subjugados, colonizados, subalternos, tornaram-se, apesar de tudo, sujeitos modernos, parte integrante da formação de uma herança política e cultural moderna. A essa herança pertence a multidão de estrangeiros, de imigrantes coloniais e de republicanos espanhóis que libertaram Paris, os sobreviventes do genocídio, como Missak Manouchian, torneiro da Citroën e poeta, diretor de uma revista literária que, como a revista *Paria* de Ho Chi Minh, enaltecia as desgraças e as esperanças dos armênios perseguidos. Dirigente da rede de resistência parisiense durante a ocupação nazista, que se tornou célebre como o grupo Manouchian, esse pária rebelde foi preso e torturado pelos nazistas e afirmou, algumas horas antes de sua execução, sua fé na possibilidade de uma fraternidade entre os povos após a guerra, e declarou "não sentir nenhum ódio dos alemães".[53]

Essa capacidade de transformar a distância crítica num olhar telescópico sobre o mundo,[54] projetado além de sua própria liberação, essa "paixão pela justiça" que impede de tomar sua própria causa como a causa prioritária ou universal, Arendt a atribui, com efeito, ao pária rebelde. Ela não é uma qualidade inerente à opressão, mas sobretudo um dom que o pária recebe assim que se desprende do fatalismo da oposição entre senhores e escravos, para transformar seu sofrimento e sua amargura na busca de uma justiça generalizada, reivindicada pela humanidade inteira.[55] Para o pária rebelde, o sofrimento não é propriedade exclusiva das vítimas. Se assim fosse,

---

53 Le groupe Manouchian (FTP-MOI) et les étrangers dans la résistance, *Cahiers de la mémoire vivante du XXe siècle*, n.1, 2000.

54 Arendt, *The Jew as a Pariah*, p.73.

55 Para uma discussão crítica da pluralidade das configurações desse posicionamento, ver Lapierre, *Pensons ailleurs*, principalmente o capítulo

A ESCÓRIA DO MUNDO **147**

a memória desse sofrimento e das atrocidades inefáveis que o causaram deveria desaparecer com as vítimas.[56]

A experiência milenar da opressão e da exclusão tampouco dão, a esse título, um privilégio cognitivo e político. Como Hans Mayer constata amargamente, o "estudo dos marginais históricos e atuais" mostra que não há comunidade ou solidariedade automática entre os párias. Rosa Luxemburgo sempre se oporá ao oficial judeu entre seus assassinos.[57]

Do "bom selvagem" ao terceiro-mundismo e às teorias atuais do conhecimento, que enfatizam o ponto de vista socialmente "situado" do pensamento, conhecidas como *stand-point theories*, passando pela mulher salvadora e pela perspectiva superior do proletariado, a história da modernidade é atravessada pela busca de um ponto arquimédico,[58] porque (e à condição que permaneça) inteiramente exterior.

Que esse ponto de vista se apresente como plural, que fale com a voz de um sujeito "fraturado" pós-moderno em vez da voz de um sujeito pretensamente unificado, não muda fundamentalmente o processo enquanto o sujeito desse conhecimento for considerado(a) apenas em sua diferença. Pois o outro (tal como "nós") fala sempre de um lugar, e com frequência, esse lugar está inextricavelmente ligado ao nosso. As mulheres de cor de que fala bell hooks não habitam um além radical; elas mesmas, e seus pontos de vista, fazem parte de uma história social e de uma configuração de relações sociais de dominação e de exclusão sintomática da modernidade ocidental. Essa configuração particular e os dilemas que a permeiam são admiravelmente explorados pela literatura das mulheres negras norte-americanas. Ora, essa exploração não resulta unicamente de uma posição, mas também de uma escolha deliberada, de um

---

"Déplacements", que constitui uma das análises mais completas da importância dessa constelação de intelectuais no século XX.

56 Gilroy, *Between Camps*, p.114.

57 Mayer, *Les Marginaux*, p.486.

58 Do nome do matemático grego Arquimedes, que declarou que poderia levantar qualquer peso, mesmo a Terra, desde que tivesse um ponto de apoio exterior.

148 ELENI VARIKAS

posicionamento dentro-fora. Isso explica o interesse crucial de sua crítica social e a capacidade de ultrapassar a lógica do mesmo e do outro, para oferecer alternativas de transformação. Explica também o caráter social, e portanto suscetível de erro ou de parcialidade, de seus pontos de vista.

O desejo de encontrar uma cultura ou uma posição nas relações sociais, uma experiência do sofrimento que estivesse dissociada do poder ou imunizada contra ele, a ponto de fornecer uma perspectiva "universal", mostrou-se eminentemente problemático e cúmplice da transformação do universal em fortíssimo particularismo. Basta pensar na maneira pela qual essa pretensão se mostrou recentemente, na campanha a favor da paridade, para compreender sua dinâmica exclusiva. Com efeito, em vez de se associar às lutas por um acesso igual à cidadania em favor de outros grupos rebaixados, a argumentação feminista preferiu a reivindicação de um ponto de vista particular sobre a política, de um ponto de vista "mais justo", fundamentado na exclusão milenar do poder mas também no caráter majoritário do grupo "mulheres". Desse modo, dissociou sua luta da luta dos outros grupos, falhando em defender os direitos das mulheres que fazem parte das "minorias".[59]

Aqueles que por nascença ou acaso da história foram submetidos à condição de pária têm uma grande responsabilidade: o dever ético de não trair o potencial crítico dessa experiência, de abarcá-la a fim de imaginar a justiça e a democracia em suas formas indivisíveis, habitáveis não apenas pelos outros párias, mas por aqueles que ainda virão. Em tal "universalismo estratégico", que se opõe ao ressurgimento e à proliferação dos absolutismos identitários (étnicos, sexuais, raciais), as diferentes experiências de sofrimento dizem respeito a todos os "que ousam se apropriar delas",[60] como salvaguardas que impedem que sua própria particularidade seja tomada pelo universal, mas também como guias no frágil projeto,

---

59 Varikas, Une citoyenneté en tant que femme?, *Nouvelles Questions Féministes*, n.2.
60 Gilroy, op. cit., p.230.

A ESCÓRIA DO MUNDO **149**

sempre ameaçado e incerto, de construir uma ação comum que neutralize a competição das vítimas.

Tomando ao cristianismo sua moral, que ameniza a opressão sofrida atribuindo-lhe um sentido positivo, os párias puderam se idealizar não como as vítimas eternas, mas como os sujeitos de sua própria emancipação, bem como a da humanidade. Todavia, a ambiguidade específica das escatologias da redenção subsiste ainda hoje. Subsiste primeiramente na confusão que faz dos párias ora o instrumento, ora o sujeito da redenção – uma confusão que pesa especialmente sobre os grupos que, como as mulheres, são convocadas para salvar os outros, inclusive os que as oprimem. Em seguida, na tentação de ligar o potencial emancipador da revolta não a um projeto moral e político, mas a uma natureza e, cada vez mais, a uma cultura comum essencial que fixa as identidades hipostasiadas. Subsiste igualmente na dificuldade de se desprender dos determinismos biológicos e históricos, que fizeram do messianismo tanto uma visão de revolta quanto uma visão de resistência, de compensação imaginária em face a uma relação de forças desigual. Enfim, a ambiguidade da visão redentora subsiste na fé na inelutabilidade de uma transformação ou melhoria das relações sociais que engendraram a condição de pária. Como observa mais uma vez Nietzsche, no centro da revolta, de moral pária, encontra-se uma visão providencial[61] do mundo, que vê em tudo a "proteção de um Deus".[62] A salvação só pode vir graças à ação de uma força sobre-humana e supra-histórica – seja Deus, a Razão, a marcha invencível do Progresso. Sob uma forma secularizada e rebatizada pela fé moderna no racionalismo e na ciência, essa visão teleológica certamente alimentou todos os tipos de revoltas. Tomando o lugar da religião, a fé no progresso procede de um esforço desesperado de encontrar na história e na civilização "outros fundamentos que não o interesse material e a violência",[63] mas também para dar um sentido

---

61 Nietzsche, op. cit., p.245.
62 Ibid.
63 Horkheimer; Adorno, op. cit., p.96.

150 ELENI VARIKAS

ao sofrimento. Pois, "a falta de sentido do sofrer, *não* o sofrer, era a maldição que até então se estendia sobre a humanidade".[64] Com efeito, aliando essa visão a uma versão evolucionista do direito natural,[65] mais de um grupo pária considerou a marcha do progresso, da ciência e da modernidade como uma promessa suprema de reparação da injustiça. Mais de um pária, no século XIX, julgou "o progresso" como desenvolvimento da humanidade, segundo as leis da natureza e da moral, e acreditava que ele "caminhava em conjunto com o bem" e com a verdade, pois a "verdade é a própria virtude, é o bem".[66] Ora, se essa fé patética no triunfo inelutável da justiça e da verdade encorajou a luta dos párias, o determinismo ingênuo que a embasa pode ocultar seus olhos o peso decisivo da relação de forças. Nesse contexto, acreditar na promessa de que "os últimos serão os primeiros" poderia significar "não-mais-querer-saber-o-que-é-verdadeiro".[67] Esse determinismo ingênuo é o alvo de Nietzsche, que o denuncia como "mentira, feminismo, [...] covardia".[68] Ele demonstra facilmente que a exploração "não é própria de uma sociedade corrompida, ou imperfeita e primitiva",[69] mas sim o princípio sobre o qual está assentada, até o presente, toda sociedade humana e toda civilização. Refuta também facilmente a ilusão das Luzes segundo a qual uma ação moral seria mais "razoável" do que uma ação imoral.[70] A crueldade e o cinismo com os quais derruba todo sentimentalismo ou moralismo – definidos de maneira interessante como se fossem do gênero feminino (*feminini generis*[71]) –, assim como a violência com a qual expõe uma realidade social desconcertante constituem talvez o maior serviço que, bem contra sua vontade,

---

64 Nietzsche, op. cit., p.139.
65 Varikas, Droit naturel, nature féminine et égalité des sexes, *L'Homme et la Société*.
66 Parren, L'Émancipation féminine et la criminalité, *Journal des Dames*, 11 fev. 1896.
67 Nietzsche, *L'Antéchrist*, p.86.
68 Id., *Généalogie de la morale*, p.243.
69 Id., *Par-delà le bien et le mal*, p.266.
70 Id., *L'Antéchrist*, p.82.
71 Id., *Le Cas Wagner*, p.111. Id., *Généalogie de la morale*, p.243.

A ESCÓRIA DO MUNDO **151**

ele prestou aos oprimidos de todos os tipos. Aos oprimidos que, em vez de "mentirem para si mesmos", melhor fariam em olhar seu destino de frente. Com a diferença de que, para Nietzsche, olhar o destino de frente significa aceitá-lo, curvar-se à evidência que "a exploração [...] faz parte da essência do que vive"[72] e de toda "função orgânica".[73] Aos olhos do filósofo alemão, "a ordem das castas apenas formula a lei suprema da própria vida".[74] Dessa maneira, ele se coloca claramente do lado dos dominantes, cuja existência e exercício de dominação são, segundo ele, a própria condição da vida e da sociedade. Entretanto, como observam Adorno e Horkheimer,[75] ao hipostasiar a realidade tal qual ela existiu, ao inferir de sua existência presente sua inelutabilidade futura, Nietzsche resvala ironicamente no mesmo *amor fati* que tão violentamente denunciou na moral cristã. Quando trata a visão messiânica dos párias como "mentira", ele não visa simplesmente à ocultação e à fuga para fora da realidade, mas também aos "sonhos" presentes "em toda parte [...] com estados vindouros da sociedade em que deverá desaparecer o 'caráter explorador'".[76]

Ora, os "sonhos" de uma tal sociedade não funcionam exclusivamente como uma fuga para o futuro, como recusa de olhar de frente o caráter necessário da exploração. Eles fazem despontar no horizonte uma outra existência desejável, em comparação com a qual o presente parece insuportável e digno de ser abolido. É sonhando com uma sociedade sem párias que os párias de ontem e de hoje se puseram a lutar contra a opressão. Ao liberar "o espírito tal como emerge da realidade, lutando contra ela, para denegá-la",[77] as revoltas párias na moral encorajaram todo aquele "que tenta, qualquer que seja sua fraqueza, se desprender do horizonte da prática

---

72 Id., *Par-delà le bien et le mal*, p.266.
73 Ibid.
74 Id., *L'Antéchrist*, p.99
75 Horkheimer; Adorno, op. cit., p.96. Adorno, op. cit., em especial os aforismos 22 (p.40-2) e 61 (p.95).
76 Nietzsche, *Par-delà le bien et le mal*, p.265-6.
77 Adorno, op. cit., aforismo 61, p.95.

universalmente dominante".[78] Elas encorajaram tudo aquilo que se opõe ao positivismo arrogante, encorajam o *princípio da esperança* – uma atitude preconcebida contra a opressão, alicerçada não sobre uma demonstração científica, mas sobre uma aposta e uma escolha ética. Ao declarar que os "maus" eram os "senhores", ao operar essa inversão que tanto desagradou a Nietzsche, os "escravos" transformaram essa escolha ética em possibilidade de resistência.

---

78 Ibid., aforismo 22, p.40-2.

TESOUROS DE UMA TRADIÇÃO OCULTA

A gênese e o desenvolvimento da figura do pária, as histórias que os alimentam, evidenciam uma dupla genealogia do universalismo: a de um fracasso histórico e de uma resistência.

O fracasso advém da incapacidade de embasar a comunidade humana em uma concepção verdadeiramente universal da humanidade, no respeito à diversidade e à pluralidade constitutivas do gênero humano. A genealogia do pária revela uma imagem talvez "detestável", mas indispensável a uma reflexão atual sobre as potencialidades obscuras expostas pela modernidade universalista. Permite principalmente se desvencilhar do *a priori* funesto que pressupõe uma relação direta e automática entre liberalismo e liberdade, capitalismo e democracia. Pois "o antissemitismo (não apenas o ódio aos judeus), o imperialismo (não apenas a conquista), o totalitarismo (não apenas a ditadura) – um após o outro, um mais brutalmente que o outro – demonstraram que a dignidade humana precisa de nova garantia".[1]

Ao situar no âmago do político experiências que foram – e ainda são – marcadas com o selo do menosprezo e da exceção, as histórias de párias abrem um campo de interrogação em que as peripécias

---

1 Arendt, *The Burden of Our Time*, p.ix.

da democracia histórica poderiam ser revisitadas e reavaliadas do ponto de vista de seus fracassos: atrocidades que se tornaram pensáveis e possíveis por meio de um sistema de legitimação em que a dominação, sem poder assim se assumir, é obrigada a recorrer a categorizações que excluem, ainda hoje, populações inteiras do direito de ter direitos, até mesmo do *próprio conceito de humanidade*. Ao evidenciar o que, na condição do pária, permanece atual e ameaçador, uma tal interrogação em sentido contrário permite resistir à lógica devastadora de tais categorizações, lembrando quanta violência foi necessária para que adquirissem sua evidência indiscutível.

Pois a história dos párias modernos também é a história de uma resistência, daqueles e daquelas que, excluídos dos benefícios da democracia, como lembra Miguel Abensour, tornam-se a sua mola mais eficaz.[2] Ao recusar-se a admitir o conteúdo mesquinho que a emancipação adquiriu, aqueles e aquelas que compõem essa tradição oculta[3] obstinaram-se em fazer dela "o que ela deveria ser", ou seja, a admissão, nas fileiras da humanidade, de todos, judeus, negros, mulheres, ciganos, estrangeiros, *tais como são*, com suas diferenças, suas singularidades, sua diversidade.[4] Por seu "mau entendimento" deliberado das regras do jogo e pelo soberano desprezo dos "fatos" positivos, que negam sua participação na elaboração do universal, aqueles que Arendt chama os "párias rebeldes" aí ganharam seu lugar unicamente pelo poder da imaginação.[5] Suas histórias testemunham as exigências de uma utopia democrática que se esboça há séculos nos interstícios da história, fragmentos insubmissos de um outro humanismo que, embora "ocultos", não deixam de fazer parte da história da democracia.

Ao trazer à luz os fatos que se tornaram invisíveis pela artimanha da abstração, a crítica desenvolvida por essa tradição rebelde frequentemente ganhou forma nos terrenos abandonados pelo

---

2 Abensour, Réflexions sur les deux interprétations du totalitarisme chez C. Lefort. In: Habib; Mouchard (orgs.), *La Démocratie à l'œuvre*, p.126.

3 Arendt, *The Jew as Pariah*.

4 Ibid., p.68.

5 Ibid.

cientificismo positivista, que concernem o que Woolf chamou *more truth than fact* [mais verdade que fato].[6] Seus tesouros, já o vimos, encontram-se frequentemente escondidos na literatura e na poesia, mas também nos contos, histórias e incidentes dispersos nos ensaios e textos teóricos de W. E. B. Du Bois, Hannah Arendt, Walter Benjamin, Virginia Woolf, Viola Klein, Hans Mayer, Edward Said, Zygmunt Bauman, Stuart Hall, Toni Morrisson, que conduzem a reflexão à sua fonte: a concretude da experiência humana. Buscando no excedente utópico que, apesar de tudo, reside no conceito de humanidade, essa tradição traduziu o destino pretensamente "excepcional" do pária numa figura do destino humano no mundo moderno.

Talvez seja o personagem Carlitos quem tenha mais vigorosamente feito ascender a experiência marginal do pária à dignidade da experiência humana universal. A leitura primorosa de Hannah Arendt a seu respeito se apoia provavelmente num mal-entendido: as origens judaicas de Chaplin, uma lenda que data do tempo de *O grande ditador* e que o próprio Chaplin, de origem cigana,[7] incentivou até a queda do nazismo, por vontade de não se diferenciar do povo judeu perseguido. Mas esse mal-entendido só acrescenta valor à análise. Porque judeu ou cigano como seu criador, o personagem de Chaplin extrai sua grandeza da capacidade de encarnar o medo ancestral dos párias, de todos os párias, diante dos representantes de uma ordem que os põe de lado. Servindo-se do riso, "o sentimento mais internacional e mais revolucionário das massas",[8] Chaplin soube exprimir a crítica incisiva da situação desumana do pária, com a inventividade criadora de uma imaginação suprida pelo que, na experiência do pária, existe apenas como esperança de uma outra existência. Sua desconfiança "das leis do espaço, do tempo e da gravidade",[9] longe de ser uma fuga adiante ou uma compensação

---

6 Woolf, *Une Chambre à soi*, p.6.
7 Hancock, *We are the Romani People*.
8 Benjamin, Rückblick auf Chaplin. In: _____, *Gesammelte Schriften III*, p.159.
9 Kracauer, *Theory of Film*, p.88.

imaginária, aponta para uma utopia humanista que, em suas hesitações, descontinuidades e reaparições, a tradição rebelde introduziu duravelmente no horizonte da modernidade.

Essa utopia certamente se sustentou pela não consumação histórica de uma promessa: que os seres humanos não mais seriam julgados segundo seu nascimento, mas segundo essa qualidade especificamente humana de se tornarem alguma coisa que não poderia ser definida de antemão, alguma coisa imprevisível porque dependente de sua ação, da ação dos outros. Em vez de imputar esse fracasso histórico à sua inelutabilidade, ela faz da distância entre princípios e práticas o lugar privilegiado da invenção de um entendimento democrático *a vir*.

Ao exercer à perfeição a arte provocadora do "mal-entendido", essa tradição rebelde modificou a abstração universalista, definindo os direitos do homem como os de cada indivíduo singular. Seguindo à risca o princípio de igualdade, pôs-se a cruzar a *color line*[10] para viajar de primeira classe, como Ida Wells-Barnett, a jornalista e livre-pensadora que insistia em se colocar à frente dos cortejos feministas em vez de ocupar as últimas filas, destinadas à "sua raça". Ao longo das sete décadas que separam sua recusa a ceder lugar ao homem branco até a de Rosa Parks, às vésperas da luta pelos direitos civis, inventou-se uma cultura de desobediência civil que, ainda que desagrade Tocqueville, dotou a herança da democracia norte-americana de um de seus mais preciosos tesouros.

Em seus melhores momentos, a tradição rebelde soube discernir na "escolha" entre assimilação e pureza identitária, à qual os párias são submetidos, uma mesma lógica de prisão domiciliar. Ridicularizou a presunção arrogante do mais forte quanto à superioridade de sua verdade, salientando, no humor sarcástico de Zalkind Hourwitz, que "nunca se viu um judeu se tornar cristão em Constantinopla, nem católico em Amsterdã, nem protestante em Paris [...]";[11] mas

---

10 Termo usado para se referir à permanência da segregação racial nos Estados Unidos mesmo depois da abolição da escravatura. (N. E.)

11 Hourwitz, *Apologie des Juifs*, p.30.

também desconfiou das dicotomias fáceis e soube, a exemplo de Viola Klein, contrapor às definições normativas e autoritárias a exigência de uma autodeterminação das necessidades humanas, que respeite "o leque infinito de possibilidades individuais" e a pluralidade das experiências humanas.[12] Ao recusar a concorrência das vítimas, essa tradição viu, a exemplo de W. E. B. Du Bois, emergir das ruínas do gueto de Varsóvia a impossibilidade de pensar "a escravidão, a emancipação, a casta nos Estados Unidos" como "coisas únicas e separadas".[13] Ao discernir, na procura febril de passados e antepassados gloriosos, uma última armadilha que os senhores armam para os escravos, ela se declarou, a exemplo de Frantz Fanon, a herdeira "da guerra do Peloponeso" tanto quanto "da descoberta da bússola".[14]

Descendente da cultura humana *simplesmente*, de seus sofrimentos e humilhações, de seus monumentos de barbárie antigos e modernos, poderá o pária, como preconizava o cântico da revolução argelina, subverter em vez de inverter a lógica da imposição para "se tornar seu próprio fundamento"?[15] Conseguirá, como o personagem do romance de Zahia Rahmani, assumir de um modo diferente todos esses nomes difamados que o atormentam hoje, árabe, berbere, muçulmano, estrangeiro, "aceitá-los pelo que têm de universal, de belo, de humano" e deixar "o resto, o reverso negro das particularidades" aos "famintos da identidade"?[16]

Os tempos não convidam ao otimismo, nós sabemos. Encurralado entre "homens-com-cara-de-pitbull cuja força mecânica perverte e enraivece" e "homens-de-preto-cuspidores-de-mortos igualmente impelidos pela violência e pela estupidez", o pária (que aqui é uma pária) é despojado do direito de dizer *quem* é, do direito à sua própria realidade:

---

12 Klein, *The Feminine Character: History of an Ideology*, p.87.
13 Du Bois, *Les Âmes du peuple noir*, p.472.
14 Fanon, *Peau noir, masques blancs*, p.182-3.
15 Ibid.
16 Rahmani, *"Musulman": roman*, p.93.

158 ELENI VARIKAS

De mim, farão sua presa. Essas duas espécies querem a minha morte. [...] Eles me chamam "muçulmano". Eles me advertem e me convocam. Eu sou seu refém forçado, testemunha de suas exações sempre cometidas em meu nome. E como eu sou para um o inimigo, para o outro a testemunha, eu sou brutalizada, desprezada, maltratada e comandada. Como, nesse caso, caminhar resolutamente no mundo? A vida que me deviam, não a tive. Deixei a Europa. Mas que terra, além do deserto, poderia ainda me acolher?[17]

Com efeito, que terra pode acolher a experiência de uma filha de *harki* berbere, rebelde – como diria Bernard Lazare – entre os seus, antes de ser entre os outros, alimentada de literatura norte-americana, transtornada ao descobrir, aos 12 anos, assistindo às escondidas *Noite e neblina*, a atrocidade de que foi capaz a Europa? Que língua poderia exprimir o choque de despertar subitamente "muçulmano", quando se escolheu a língua por pátria, como tantos párias do século XX?

"Musulman", roman ["Muçulmano", romance], como os outros livros de Rahmani, confirmam o vínculo inextricável entre as duas genealogias do pária – a do fracasso e a da resistência. Se a tradição oculta dos párias rebeldes, a que ela empresta poderosamente a voz, "tem tanta importância hoje para a humanidade, se constitui uma contribuição expressiva à vida espiritual do mundo ocidental", é porque, como notou Hannah Arendt há meio século, "as mesmas condições fundamentais provocaram e produziram as mesmas reações fundamentais".[18]

---

17 Ibid., p.45-6.
18 Arendt, op. cit., p.68.

REFERÊNCIAS BIBLIOGRÁFICAS

ABENSOUR, M. Réflexions sur les deux interprétations du totalitarisme chez C. Lefort. In: HABIB, C.; MOUCHARD, C. (orgs.). *La Démocratie à l'oeuvre*. Paris: Éditions Esprit, 1993.

ADORNO, T. W. *Dialectique négative*. Paris: Payot, 1978. [Ed. bras.: *Dialética negativa*. Trad. Marco Antonio Casanova. Rio de Janeiro: Zahar, 2009.]

_____. *Minima moralia*. Paris: Payot, 1991. [Ed. bras.: *Minima moralia*. Rio de Janeiro: Azougue, 2008.]

_____. *Modèles critiques*: interventions, répliques. Paris: Payot, 1984.

AGGARWAL, P. C.; ASHRAF, M. S. *Equality through Privilege*: a Study of Special Privileges of Scheduled Castes in Haryana. New Delhi: Shri Ram Centre for Industrial Relations and Human Resources, 1976.

ARENDT, H. *Condition de l'homme moderne*. Paris: Calmann-Lévy, 2003. [Ed. bras.: *A condição humana*. 11.ed. São Paulo: Forense Universitária, 2010.]

_____. *Essai sur la Révolution*. Paris: Gallimard, 1967. [Ed. Bras.: *Sobre a revolução*. Trad. Denise Bottmann. São Paulo: Companhia das Letras, 2011.]

_____. *La Tradition cachée*. Paris: 10-18, 1999.

_____. *Sur l'antisémitisme*. Paris: Calmann-Lévy, 1973.

_____. *The Burden of Our Time*. London: Secker & Warburg, 1951. [Ed. bras.: *Origens do totalitarismo*. São Paulo: Companhia das Letras, 2012.]

_____. *The Jew as Pariah*: Jewish Identity and Politics in the Modern Age. New York: Grove Press, 1978.

160 ELENI VARIKAS

ARISTÓTELES. *De l'âme*. Trad. J. Tricot. Paris: Vrin, 1995. [Ed. bras.: *De Anima*. São Paulo: Ed. 34, 2006.]

AUCLERT, H. *La Citoyenne*: articles de 1881 à 1891. Paris: Syros, 1982.

BADINTER, E. *Libres et égaux*: l'émancipation des juifs sous la révolution française (1789-1791). Paris: Fayard, 1989.

_____. *Paroles d'hommes*: 1790-1793 – Condorcet, Prudhomme, Guyomar. Paris: P. O. L., 1989.

BALDAEUS, P. *Naauwkeurige Beschryvinge van Malabar en Choromandel, Der Zelver aangrenzende Ryken, En att machtige Eyland Ceylon*. Amsterdã: Henry Lintot, 1672. [Ed. Inglesa: *A True and Exact Description of the Most Celebrated East-India Coasts of Malabar and Coromandel and also of the Isle of Ceylon*. Nova Delhi: Asian Educational Services, 1996.]

BALDWIN, J. An Open Letter to My Sister, Miss Angela Davis. In: DAVIS, A. *If They Come in the Morning*. New York: New York Committee to Free Angela Davis, 1970.

_____. Many Thousands Gone. In: BALDWIN, J. *The Price of the Ticket*: Collected Nonfiction (1948-1985). London: Michael Joseph, 1985.

BALLANTYNE, T. Race and the Webs of Empire: Aryanism from India to the Pacific. *Journal of Colonialism and Colonial History*, v.2, n.3, 2001.

BANCEL, N.; BLANCHARD, P.; GERVEREAU, L. *Images et colonies*: iconographie et propagande coloniale sur l'Afrique française de 1880 à 1962. Nanterre: Paris: Bibliothèque de Documentation Internationale Contemporaine/Association Connaissance de l'Histoire de l'Afrique Contemporaine, 1993.

_____. et al. *Zoos humains*: de la Vénus hottentote aux reality-shows. Paris: La Découverte, 2002.

BANKS, O. *Faces of Feminism*: a Study of Feminism as a Social Movement. New York: St. Martin's Press, 1981.

BARBOSA, D. *The Book of Duarte Barbosa, An Account of the Countries Bordering on the Indian Ocean and Their In habitants... Completed About the Year 1518*. v.1. Trad. Mansel Longworth Dames. New Delhi: Asian Educational Services, 1989. [Ed. Port.: *Livro em que dá relação do que viu e ouviu no Oriente Duarte Barbosa*. Lisboa: Agência Geral das Colônias, 1946.]

BAUMAN, Z. *Postmodernity and Its Discontents*. New York: New York University Press, 1997. [Ed. bras.: *O mal-estar da pós-modernidade*. Rio de Janeiro: Jorge Zahar, 1998.]

_____. Sociology after the Holocaust. *The British Journal of Sociology*, v.39, n.4, p.469-97, 1988a.

A ESCÓRIA DO MUNDO 161

BAUMAN, Z. Strangers: the Social Construction of Universality and Particularity. *Telos*, p.7-42, 1988b.

_____. Visas de sortie et billets d'entrée: les paradoxes de l'assimilation juive. In: LEIBOVICI, M.; VARIKAS, E. (Orgs.). Paria, une figure de la modernité. *Tumultes*, n.21-2, 2003.

BAYLY, C. A. *Empire and Information, Intelligence Gathering and Social Communication in India*: 1780-1870. Cambridge: Cambridge University Press, 1996.

BEER, M. *Le Paria*: tragédie en 1 acte. Strasbourg: Impr. F. G. Levraux, 1834.

BEHN, A. *Oronoko*. Amsterdam: Aux Dépens de la Compagnie, 1745.

BELL, B. W.; GROSHOLZ, E.; STEWART, J. B. *On Race and Culture*: Philosophy, Politics, and Poetics. New York: Routledge, 1996.

BENBASSA, E. *La souffrance comme identité*. Paris: Fayard, 2007.

BENJAMIN, W. *Oeuvres*. Paris: Gallimard, 2000. [Ed. Bras.: *Obras escolhidas*. v.2. – Magia e técnica, arte e política. São Paulo: Brasiliense, 2010.]

BÉNOT, Y. *Diderot, de l'athéisme à l'anticolonialisme*. Paris: F. Maspero, 1981.

_____. Les sauvages d'Amérique du Nord: modèle ou épouvantail? *Cromohs*, n.10, 2005.

BERREMAN, G. D. *Caste and other inequalities*: essays on inequality. Delhi: Manohar, 1979.

BÉTEILLE, A. Homo Hierarchicus, Homo Æqualis. *Modern Asian Studies*, v.13, n.4, p.529-48, 1979.

BETTINI, A. Il teatro e la memoria: letteratura e filosofia nell'inferno monacale di Arcangela Tarabotti. In: TOTARO, P. (Ed.). *Donne filosofia e cultura nel seicento*. Roma: Consiglio Nazionale delle Ricerche, 1999.

BLAKE, W. *The Complete Poetry and Prose of William Blake*. ERDMAN, D. V. (Ed.). New York: Doubleday, 1988.

_____. *The Portable Blake*. London: Penguin, 1979.

BOISVERT, G. La dénomination de l'autre africain au XVe siècle dans les récits des découvertes portugaises. *L'Homme: Revue Française d'Anthropologie*, n.153, 2000.

BOREL, P. *Champavert*: contes immoraux. Paris: Le Chemin Vert, 1985.

BOUGLÉ, C. *Essai sur l'origine des castes*. Paris: Alcan, 1927.

BRADFORD, P. V.; BLUME, H. *Ota Benga*: the Pygmy in the Zoo. New York: St. Martin's Press, [s.d.].

BRONTË, C. *Jane Eyre*. Paris: Le Livre de Poche, 1996.

BURKE, E.; MARSHALL, J. P. *The Writings and Speeches of Edmund Burke*: India – the Hastings Trial (1788-1795). Oxford: Oxford University Press, 2000. v.7.

162 ELENI VARIKAS

BUTLER, J. *Bodies That Matter*: on the Discursive Limits of "Sex". New York: Routledge, 1993.

CASTANHEDA, F. L. *Historia del descubrimiento y conquista de la India por los Portugueses, compuesta por Hernan Lopez de Castanheda, y traduzida nuevamente em Romance Castellano*. Antuérpia: En casa de Martin Nucio, 1554.

CHALAYE, S. La face cachée d'Alexandre Dumas. *Africultures*, 19 jul. 2005.

COLWILL, E. Just Another Citoyenne? Marie-Antoinette on Trial. *History Workshop*, n.27, 1989.

DAYAN-HERZBRUN, S. L'Afrique, monde fantôme et théâtre d'ombres. In: ARENDT, H. (Ed.). *La Crise de l'État-nation*. Paris: Sens et Tonka, 2007.

DELANY, M. R. *Blake Or the Huts of America*: a novel. Boston: Beacon Press, 1970.

_____. Le Paria. In: *Oeuvres complètes*. Paris: Libraire Garnier Frères: s.d.

DELAVIGNE, C. *Le Paria*: théâtre de Casimir Delavigne. Paris: Garnier Frères, 1895.

DELCLITTE, C. Tsiganes en France au tournant du siècle: création d'une catégorie. *Tumultes*, v.11, 1998.

DELLON, C.; MARRET, P. *Nouvelle relation d'un voyage fait aux Indes orientales*: contenant la description des isles de Bourbon & de Madagascar, de Surate, de la côte de Malabar, de Calicut, de Tanor, de Goa, etc. - avec l'histoire des plantes & des animaux qu'on y trouve, & un traité des maladies particulières aux pays orientaux & dans la route, & de leurs remèdes. Amsterdam: chez Paul Marret, 1699.

DELLON, G. *Nouvelle relation d'un voyage fait aux Indes orientales*. Amsterdã: Paul Marret, 1699.

DÉMAR, C. Ma loi d'avenir. In: DÉMAR, C. *Affranchissement des femmes*. Paris: Payot, 1976.

DEROIN, J. *Almanach des femmes*. 1853.

_____. *Cours de droit social pour les femmes*. 1848.

_____. *La Voix des femmes*, 19 abr. 1848.

DERRIDA, J. *Marges de la philosophie*. Paris: Éditions de Minuit, 1972. [Ed. bras.: *Margens da Filosofia*. Campinas: Papirus, 1991.]

DEWITTE, P. *Les mouvements nègres en France*. Paris: L'Harmattan, 1985.

DIDEROT, D. *Supplément au voyage de Bougainville, ou Sur l'inconvénient d'attacher des idées morales à certaines actions physiques qui n'en comportent pas 1772*. Paris: Mille et Une Nuits, 1997.

DIRKS, N. B. Castes of Mind. *Representations*, v.37, n.1, p.56-78, 1992.

DIRKS, N. B. *Castes of Mind*: Colonialism and the Making of Modern India. Princeton: Princeton University Press, 2001.

_____. *The Hollow Crown*: Ethnohistory of an Indian Kingdom. Cambridge [Cambridgeshire]: Cambridge University Press, 1987.

DOHM, C. W. *Denkwürdigkeiten meiner Zeit*. v.IV. Lembo, 1814-1819.

DORLIN, E. *La Matrice de la race*: généalogie sexuelle et coloniale de la nation française. Paris: Éditions La Découverte, 2006.

_____. Les ruses de la raison dominante: les résistances au risque de la racialisation. *Raisons Politiques*, v.21, 2006.

DOUGLAS, M. *The Lele of the Kasai*. London: Oxford University Press, 1963.

_____.; GUÉRIN, A.; HEUSCH, L. de. *De la souillure*: essais sur les notions de pollution et de tabou. Paris: Payot, 1971.

DROVET, Y.; LY-TIO-FANE, M.; SONNERAT, P. *De l'Inde merveilleuse á Bourbon*. Saint-André-de-la-Réunion: CRI, 1985.

DU BOIS, W. E. B. *Dusk of Dawn:* an essay toward an autobiography of a race concept. New York: Schocken Books, 1968.

_____. *Les âmes du peuple noir*. Paris: La Découverte, 2007. [Ed. Bras.: *As almas da gente negra*. Trad. Heloísa Toller Gomes. Rio de Janeiro: Lacerda, 1999.]

_____. *Moeurs, Institutions et Cérémonies des peuples de l'Inde* e *Exposé de quelques-uns des principaux articles de la théologie des Brahmes*. Paris, 1825.

_____. On Race and Culture. In: BELL, B. W.; GROSHOLZ, E.; STEWART, J. B. *On Race and Culture*: Philosophy, Politics, and Poetics. New York: Routledge, 1996.

_____. Strivings of the Negro People, *Atlantic Monthly*, 17 ago. 1897.

_____. The Conservation of Race. In: BROTZ, H. (Ed.). *African-American Social and Political Thought*. New Brunswick: Transaction Publishers, 1992.

_____. The Riddle of the Sphinx. In: BELL, B. W.; GROSHOLZ, E.; STEWART, J. B. *On Race and Culture*: Philosophy, Politics, and Poetics. New York: Routledge, 1996.

_____. The souls of black folk. In: SUNQUIST, E. J. (Org.). *The Oxford W. E. B. Du Bois Reader*. New York: Oxford University Press, 1996.

DUBOIS, J. A. *Moeurs, institutions et cérémonies des peuples de l'Inde*. Paris: Imprimé par autorisation du roi à l'Imprimerie Royale, 1825.

DUCAT, J. *Les Hilotes*. Paris: École Française d'Athènes/Diffusion de Boccard, 1990.

164 ELENI VARIKAS

DUCAT, J. Les mépris des hilotes. *Annales ESC*, n.6, 1974.

DUCHET, M. *Anthropologie et histoire au siècle des lumières*: Buffon, Voltaire, Rousseau, Helvétius, Diderot. Paris: F. Maspero, 1971.

DUCLERC, E. *Dictionnaire politique, encyclopédie du langage et de la science politique*. Paris: Pagnerre, 1842.

DUMONT, L. *Homo hierarchicus*: le système des castes et ses implications. Paris: Gallimard, 1995 [1966].

DURAS, C. de. *Édouard*. Paris: Ladvocat, 1825.

_____. *Olivier ou le Secret*. Paris: José Corti, 1971.

_____. *Ourika*. Paris: Des femmes, 1979.

DURKHEIM, E. *De la division du travail social*. Paris: Quadrige/PUF, 2004.

DUVIQUET, M. Examen critique du Paria. In: DELAVIGNE, C. *Le Paria*. Paris: [s.n.], [s.d.].

ELLISON, R. *Flying Home and Other Stories*. New York: Random House, 1996.

_____. *Invisible Man*. New York: Vintage Books, 1972.

ENGELS, F. *La Situation de la classe laborieuse en Angleterre* (1845). Paris: Éditions sociales, 1961.

EQUIANO, O. *The Interesting Narrative and Other Writings*. Ed. rev. Londres: Penguin Classics, 2003 [1775].

ERIBON, D. *Réflexions sur la question gay*. Paris: Fayard, 1999.

ESTÈVE, E. *Byron et le romantisme français*: essai sur la fortune et l'influence de l'oeuvre de Byron en France de 1812 a 1850. Paris: Hachette, 1907.

EVANS, D. O. A Source of Hernani: Le Paria, by Casimir Delavigne. *Modern Language Notes*, v.47, n.8, 1932.

FANON, F. *Les Damnés de la terre*. Paris: F. Maspero, 1968. [Ed. Bras.: *Os condenados da terra*. Juiz de Fora: UFJF, 2011.]

_____. *Peau noir, masques blancs*. Paris: Seuil, 1971. [Ed. Bras.: *Pele negra, máscaras brancas*. Trad. Renato da Silveira. Salvador: Edufba, 2008.]

FIGUEIRA, D. M. *Translating the Orient*: the Reception of Śākuntala in Nineteenth-Century Europe. Albany: State University of New York Press, 1991.

FISHMAN, W. J. *East End Jewish Radicals*: 1875-1914 – William J. Fishman. London: G. Duckworth, 1975.

FORD, H. *The International Jew*. Boring: CPA Book Publisher, 1995.

GATES, H. L. The Day When America Decided That Blacks Were of a Species That Could Create Literature. *The Journal of Blacks in Higher Education*, n.4, 1994.

GATES, H. L. *The Trials of Phillis Wheatley*: America's First Black Poet and Her Encounters with the Founding Fathers. New York: Basic Civitas Books, 2003.

GENETTE, G. *La Rhétoric restreinte:* figures III. Paris: Seuil, 1972.

GILROY, P. *Between Camps*: Race, Identity and Nationalism at the End of the Colour Line. London: Allen Lane, 2000. [Ed. Bras.: *Entre campos*: nações, culturas e o fascínio da raça. Trad. Célia Maria Marinho de Azevedo et al. São Paulo: Annablume, 2007.]

_____. *L'Atlantique noir*: modernité et double conscience. Paris: Kargo, 2003.

GNAMMANKOU, D. *Abraham Hanibal*: l'aïeul noir de Pouchkine. Paris: Présence Africaine, 1996.

GODWIN, W. *Memoirs of the Author of the Vindication of the Rights of Woman*. Londres, 1798.

GOETHE, J. W. La Basadêre et Ie Dieu de l'Inde. In: _____. *Ouvres complètes de Madame la Baronne de Staël, publiées par son fils*. Tome 17. Paris: Treuttel et Würtz, 1821.

GOODRICK-CLARKE, N. *The Occult Roots of Nazism*: Secret Aryan Cults and Their Influence on Nazi Ideology – the Ariosophists of Austria and Germany (1890-1935). New York: New York University Press, 1992.

GOUGES, O. de. *Œuvres*. Paris: Mercure de France, 1986.

GOULD, P. Free Carpenter, Venture Capitalist: Reading the Lives of the Early Black Atlantic. *American Literary History*, v.12, n.4, 2000.

GOYTISOLO, J.; KITCHING-SCHULMAN, A. *Makbara*. Paris: Seuil, 1982.

GRÉGOIRE, H. *De la littérature des nègres ou Recherches sur leurs facultés intellectuelles, leurs qualités morales et leur littérature*. 1801.

_____. *De la noblesse de la peau ou Du préjugé des blancs contre la couleur des Africains et celle de leurs descendants noirs et sang-mêlé*: 1826. Grenoble: J. Millon, 2002.

_____. *Essai sur la régénération physique, morale et politique des juifs*: ouvrage couronné par la Société Royale des Sciences et des Arts de Metz, le 23 août 1788. Paris: Flammarion, 1988.

GRIMM, V.; DIDEROT, D. *Correspondance littéraire, philosophique et critique*. 1792.

HANCOCK, I. *The Pariah Syndrome*: an Account of Gypsy Slavery and Persecution. Ann Arbor: Karoma Publishers, 1987.

_____. *We are the Romani People*. Hatfield: University of Hertfordshire Press, 2003.

166   ELENI VARIKAS

HEGEL, G. W. F. *Leçons sur la philosophie de l'Histoire.* Paris: Librairie J. Vrin, 1998. [Ed. Bras.: *Filosofia da História.* 2.ed. Brasília: UnB, 2008.]

HENDERSON, G. H. History of Negro Citizenship. *African Methodist Episcopal Church Review*, 15/2, 1899.

HERTZ, D. *Ihre Offenes Haus:* Amalia Beer und die Berliner Reform. *Kalonymos*, 2/1, 1999.

HOFFMANN, L.-F. *La nègre romantique:* personnage littéraire et obsession collective. Paris: Payot, 1973.

HOLMES, O. W. The Professor's Story. *Atlantic Monthly*, v.5, n.27, 1860. cap.1, "The Brahmin Caste of New England".

hooks, bell. *Feminist Theory from Margin to Center.* Boston: South End Press, 1984.

HORKHEIMER, M.; ADORNO, T. W. *La Dialectique de la raison*: fragments philosophiques. Paris: Gallimard, 1983. [Ed. Bras.: *Dialética do esclarecimento.* Rio de Janeiro: Jorge Zahar, 1985.]

HOURWITZ, Z. *Apologie des juifs*: 1789. LÖWY, M.; VARIKAS, E. (Eds.). Paris: Syllepse, 2001.

KANT, I. *Critique de la faculté de juger.* Paris: J. Vrin, 1986. [Ed. bras.: *Crítica da faculdade do juízo.* 3.ed. São Paulo: Forense Universitária: 2012.]

KATZ, J. *Hors du ghetto*: l'émancipation des juifs en Europe (1770-1870). Paris: Hachette, 1984.

KERGOAT, D. *Les Ouvrières.* Paris: Le Sycomore, 1982.

―――――. Ouvrières=ouvriers. *Critiques de l'économie politique*, n.5, 1978.

KING, M. L. *Where Do We Go from Here*: Chaos or Community? New York: Harper & Row, 1967.

KLEIN, V. *The Feminine Character:* History of an Ideology. New York: International Universities Press, 1949.

KRACAUER, S. *Theory of Film.* Nova York: Oxford University Press, 1960.

KRADITOR, A. S. *Up from the Pedestal*: Selected Writings in the History of American Feminism. Chicago: Quadrangle Books, 1968.

KRIEGEL, B. *La Philosophie de l'État.* Paris: Plon, 1998.

―――――. *Philosophie de la République.* Paris: Plon, 1998.

LALOUETTE J. Les femmes dans les banquets politiques en France (vers 1848). *Clio*, n.14, 2001.

LANDES, J. B. *Women and the Public Sphere in the Age of the French Revolution.* Ithaca: Cornell University Press, 1988.

LANZ-LIEBENFELS, J. *Theozoologie, oder, Die Kunde von den Sodoms-Äfflingen und dem Götter-Elektron*: eine Einführung in die älteste und neueste Weltanschauung und eine Rechtfertigung des Fürstentums und des Adels. Viena: Moderner, 1905.

LAPIERRE, N. *Pensons ailleurs*. Paris: Stock, 2004.

LAPLACE, A. *Oronoko ou le Royal Esclave*. Amsterdã, 1745.

LAZARE, B. *L'Antisémitisme*: son histoire et ses causes. Paris: Editions de la Différence, 1982.

_____. *Le Fumier de Job*. ORIOL, P. (Ed.). Paris: H. Champion, 1998.

LE BON, G. *L'homme et les societés*: leurs origines et leurs développement. Paris: Jean-Michel Place, 1987. ("Les Cahiers de Gradhiva", 5.)

LE GROUPE Manouchian (FTP-MOT) et les étrangers dans la résistence. *Cahiers de la Mémoire Vivante du XXe Siècle*, n.1, 2000.

LITTLE, R. Reflections on a Triangular Trade in Borrowing and Stealing: Textual Exploitation in a Selection of African, Caribbean, and European Writers. *French Research in African Literatures*, v.37, n.1, p.16-27, 2006.

LÖWY, M. *Franz Kafka, rêveur insoumis*. Paris: Stock, 2004.

LY-TIO-FANE, M. *De l'Inde merveilleuse à Bourbon*. Centre de recherche india-océanique, 1985.

_____. *Pierre Sonnerat, 1748-1814*: an Account of His Life and Work. London: University of London, 1976.

MAJEED, J. James Mill's: "The History of British India" and Utilitarianism as a Language of Reform. *Modern Asian studies*, v.24, n.2, 1990.

MAKDISI, S. *William Blake and the Impossible History of the 1790s*. Chicago: University of Chicago Press, 2003.

MANDELSIO, J. A. *Voyages célèbres et remarquables, faits de Perse aux Indes orientales par Mandelsio*. Trad. Abraham de Wicquefort. 1659.

MANN, T. *Les têtes interverties*: légende hindoue. Paris: Librairie Générale Française, 1997. [Ed. Bras.: *As cabeças trocadas*: uma lenda indiana. Trad. Herbert Caro. Rio de Janeiro: Nova Fronteira, 2000.]

MARSHALL, P. J. *A Free Though Conquering People*: Eighteenth-Century Britain and It's Empire. Aldershot: Ashgate, 2003.

_____. *The British Discovery of Hinduism in the Eighteenth Century*. Cambridge: Cambridge University Press, 1970.

MATHIAS, T. J. *Pursuits of Literature*: a Satirical Poem in Four Decalogues, with Notes. Philadelphia: [s.n.], 1800.

MAYER, H. *Les Marginaux*: femmes, juifs et homosexuels dans la littérature européenne. Paris: Albin Michel, 1994.

MESCHONNIC, H. Entre nature et histoire: les juifs. In: COHEN, M.-L. *Les Juifs ont-ils du Coeur?* Valence d'Albigeois: Vent Terral, 1992.

168 ELENI VARIKAS

METCALF, T. R. Ideologies of the Raj, *The New Cambridge History of India*, n.4, 1995, p.114-31.

_____. *Ideologies of the Raj*. Cambridge: Cambridge University Press, 1994.

MILL, J. S. *On the Subjection of Women*. 1869.

MILLET, K. *Sexual Politics*. New York: Ballantine, 1970.

MOHAN, J. British and French Ethnographies of India: Dubois and His English Commentators. *French Colonial History*, n.5, 2004.

MOMIGLIANO, A. A Note on Max Weber's Definition of Judaism as a Pariah-Religion. *History and Theory*, v.19, n.3, 1980.

MONTESQUIEU, C. de S. *De l'esprit des lois*. Paris: Flammarion, 1979. [Ed. bras.: *O espírito das leis*. 9.ed. São Paulo: Saraiva, 2008.]

_____. *Lettres persanes*. Paris: Bookking International, 1993.

MOORE, R. I. *La persécution*: sa formation en Europe (Xe-XIIIe siècle). Paris: Les Belles Lettres, 1991.

MORGAN, E. S. Slavery and Freedom: the American Paradox. *The Journal of American History*, v.59, n.1, 1972.

MUNSHI, S. Revisiting Max Weber in India. In: LEHMANN, H.; OUEDRAOGO, J. M. (Eds.). *Max Weber Religionssoziologie in the Inter-kultureller Perspektive*. Göttingen: Vandenhoeck & Ruprecht, 2003.

NELSON, B. Max Weber, Dr. Alfred Ploetz, and W.E.B. Du Bois (Max Weber on Race and Society II). *Sociological Analysis*, v.34, n.4, p.308-12, 1973.

NICOLSON, N. *Portrait d'un mariage*. Paris: Stock, 1974.

NIETZSCHE, F. *Généalogie de la morale*. Paris: Gallimard, 1972. [Ed. Bras.: *Genealogia da moral*: uma polêmica. Trad. Paulo César de Souza. São Paulo: Companhia das Letras, 1987.]

_____. *L'antéchrist*. Paris: Union Générale d'Éditions, 1985. [Ed. Bras.: *O anticristo e Ditirambos de Dionísio*. Trad. Paulo César de Souza. São Paulo: Companhia das Letras, 2007.]

_____. *Le cas Wagner et Nietzsche contre Wagner*. Paris: J.-J. Pauvert, 1968. [Ed. Bras.: *O caso Wagner e Nietzsche contra Wagner*. São Paulo: Companhia das Letras, 1999.]

_____. *Par-delà le bien et le mal*, Paris, 10/18, 1983. [Ed. Bras.: *Além do bem e do mal*: prelúdio a uma filosofia do futuro. Trad. Paulo César de Souza. São Paulo: Companhia das Letras, 2005.]

NIGAN, A. La question dalit comme critique de la modernité. In: LEIBOVICI, M.; VARIKAS, E. (Orgs.). Paria, une figure de la modernité, *Tumultes*, n.21-2, 2003.

PARREN, K. L'émancipation féminine et la criminalité. *Journal des Dames*, Atenas, 11 fev. 1896.

_____. Le Nouveau contrat, *Jounal des Dames*, 16 dez. 2001.

_____. Les femmes contre la déchéance de l'humanité. *Journal des Dames*, Atenas, 7 maio 1895.

_____. Les femmes dans l'avenir. *Journal des Dames*, Atenas, 21 fev. 1888.

_____. Les Femmes et la politique, *Journal des Dames*, 28 fev. 1899.

_____. Sujets et objets d'injustice, *Journal des Dames*, 25 out. 1898.

PHILIPS, J. *An Account of the Religion, Manners, and Learning of the People of Malabar in the East-Indies. In Several Letters Written by Some of the Most Learned Men of that Country to the Danish Missionaries*. Londres, 1717.

PLANTÉ, C. *La petite sœur de Balzac*: essai sur la femme auteur. Paris: Seuil, 1989.

PLATO, O. *Che le donne non siana della spetie degli huomini, discorso piaceuole*. Lione: G. Ventura, 1647.

POLIAKOV, L. *Histoire d'un mythe, la "Conspiration" juive et les Protocoles des Sages de Sion*. Paris: Gallimard, 1967.

_____. *Histoire de l'antisémitisme:* 1945-1993. Paris: Seuil, 1994.

POLWHELE, R. *The Unsex'd Females*: A Poem Addressed to the Author of the Pursuits of Literature. Londres: Cadell and Davies, 1798.

PORTUONDO, M. M. Plantation Factories: Science and Technology in Late-Eighteenth-Century Cuba. *Technology and Culture*, v.44, n.2, p.231-57, 2003.

POSNOCK, R. How It Feels to Be a Problem: Du Bois, Fanon, and the "Impossible Life" of the Black Intellectual. *Critical Inquiry*, v.23, n.2, 1997.

PURCHAS, S. P. *His Pilgrimage, or, Relations of the World and the Religions Observed in all Ages and Places Discovered, from the Creation to This Present*. Whitefish: Kessinger, 2010.

RAHMANI, Z. *"Musulman"*: roman. Paris: Wespieser, 2005.

RAPHAËL, F. L'Étranger et le paria dans l'œuvre de Max Weber et de Georg Simmel. *Archives de Sciences Sociales des Religions*, v.61, n.1, 1986.

_____. Les juifs en tant que peuple Paria dans l'oeuvre de Max Weber. *Social Compass*, v.23, n.4, 1976.

_____.; LEIBOVICI, M; VARIKAS, E. (Orgs.). Paria, une figure da la modernité, *Tumultes*, n.21-2, 2003.

RAYNAL, G. *Histoire philosophique et politique des établissemens et du commerce des européens dans les deux Indes*. Genève: J. L. Pellet, 1780.

170 ELENI VARIKAS

RAYNAL, G. *Traité des deux Indes*. Paris: Maspero, 1981.

_____.; BÉNOT, Y. *Histoire philosophique et politique des deux Indes*. Paris: Maspéro, 1981.

RICHARDS, I. A. *The Philosophy of Rhetoric*. New York: Oxford University Press, 1950.

RICOEUR, P. *La Métaphore vive*. Paris: Seuil, 1975.

RIOT-SARCEY, M. La conscience féministe des femmes de 1848: Jeanne Deroin, Désirée Gay. In: MICHAUD, S. (Dir.). *Un fabuleux destin:* Flora Tristan. Dijon: EUD, 1986.

_____. *La démocratie à l'épreuve des femmes*: trois figures critiques du pouvoir (1830-1848). Paris: A. Michel, 1994.

_____.; VARIKAS, E. Feminist Consciousness in the 19th Century: a Pariah Consciousness? *Praxis International*, n.5, 1986.

_____.; VARIKAS, E. Réflexions sur la notion d'exceptionalité. *Les Cahiers du GRIF*, n.37-8, 1988.

ROVIELLO, A.-M. *Sens commun et modernité chez Hannah Arendt*. Bruxelles: Ousia, 1987.

ROY, A. *Le dieu des petits riens*. Paris: Gallimard, 2000.

RUSKIN, J. *Sesame and Lilies*.1868.

SAINTE-BEUVE, C.-A. *Oeuvres*. Paris: Gallimard/Pléiade, 1960.

SAINT-PIERRE, B. de. *Oevres Complètes*. Paris: Méquignon-Marvis, 1818.

_____. *La Chaumière indienne*. 1792.

SAND, G. *Indiana*. Paris: Gallimard/Pléiade, 1960.

SHAKESPEARE, William. *Macbeth,* trad. Émile Montagut Paris, Hachette, 1876. [Ed. Bras.: *Macbeth*. Trad. Beatriz Viégas-Faria. Porto Alegre: L.P.&M., 2000.]

SHELLEY, M. *Mathilda*. London: Alan Rodgers Books, 2006.

SHMUELI, E. *The Pariah-People and It's Charismatic Leadership*: a Revaluation of Max Weber's Ancient Judaism. New York: American Academy for Jewish Research, 1968.

SIMMEL, G. *Conflict and the Web of Group-Affiliations*. New York: Free Press, 1964.

SOMDAH, M. A. Ourika ou l'universe antithétique d'une héroïne. *LittéRéalité* v.8, n.2, 1989.

STAËL, G. de. *De l'influence des passions sur le bonheur des individus et des nations*. Lausanne: J. Mourer, 1796.

_____. *De la littérature considérée dans ses rapports avec les institutions sociales*. Genève: Droz/Minard, 1959. t.I.

STENDHAL. *Racine et Shakespeare*. Paris, 1823.

STONEQUIST, E. V. Human Migration and the Marginal Man. *American Journal of Sociology*, 1928.

———. The Problem of the Marginal Man. *American Journal of Sociology*, v.41, n.1, 1935.

STRINDBERG, A. *Tschandala et autres nouvelles*. Paris: Flammarion Poche, 1999.

———. *Tschandala*: l'île des bienheureux – une sorcière. Paris: Flammarion, 1990.

SUNQUIST, E. J. (Org.). *The Oxford W. E. B. Du Bois Reader*. New York: Oxford University Press, 1996.

TALMON, J. L. *Political Messianism:* the Romantical Phase. London: Secker and Warburg, 1960.

TARABOTTI, A. *Che le donne siano della spezie degli uomini*: Women are no Less Rational Than Men. London: Institute of Romance Studies, 1994.

TAYLOR, B. *Eve and the New Jerusalem*: Socialism and Feminism in the Nineteenth Century. London: Virago, 1991.

———. *Mary Wollstonecraft and the Feminist Imagination*. Cambridge: Cambridge University Press, 2003.

TEXIER, J. *Révolution et démocratie chez Marx et Engels*. Paris: Presses Universitaires de France, 1998.

THÉVENOT, J. *Troisième partie des voyages de M. de Thévenot*: contenant la relation de l'Indostan, des nouveaux Mogols et des autres peuples et pays des Indes. Paris: C. Barbin, 1684. Microéditions Hachette, 1976. [Paris: C. Barbin, 1964.]

THOMPSON A. *Diderot, Roubaud et l'esclavage*: Recherches sur Diderot et sur l'Encyclopédie, v.35, 2003.

TOCQUEVILLE, A. *De la démocratie en Amérique*. Paris: Garnier-Flammarion, 1981. [Ed. Bras.: *A democracia na América*. 3.ed. São Paulo: Martins, 2005.]

TRISTAN, F. *Flora Tristan, le Paria et son rêve*. MICHAUD, S. (Ed.). Paris: Sorbonne Nouvelle, 2003.

———. *L'Union Ouvrière:* 1843. Paris: Des Femmes, 1986.

———. *Lettres* (Réunies et presentées par Michaud, S.). Paris: Seuil, 1980.

———. Promenades à Londres. In: DESANTI, D. *Flora Tristan, vie, oeuvre mêlées*. Paris: 10-18, 1981.

VAILLANT, J. A. *Les Rômes*: histoire vraie des vrais Bohémiens. Paris: E. Dentu, 1857.

172 ELENI VARIKAS

VALENTIJN, F. *Oud en nieuw Oost-Indiën, vervattende een naaukeurige en uitvoerige verhandelinge van Nederlands mogentheyd in die gewesten, benevens eene wydluftige beschryvige der Moluccos en alle de eylanden onder dezelve landbestieringen behoorende; het Nederlands comptoir op Suratte, en de levens der Groote Mogols*. Dordrecht: J. van Braam, [etc.], 1724.

VAN DE BROECKE, P. *Reysen naer Oost Indien*. 1620.

VARIKAS, E. Droit naturel, nature féminine et égalité des sexes. *L'Homme et la Société*, v.85, n.3, p.98-111, 1987b.

_____. L'institution embarrassante: silences de l'esclavage dans la définition de la liberté moderne. *Raisons Politiques*, 2003.

_____. *La révolte des dames*: genèse d'une conscience féminine dans la Grèce au XIXème siècle (1830-1907). Atenas: [s.n.], 1987a. [Em grego].

_____. Le Paria ou la difficile reconnaissance de la pluralité humaine. *Revue des Deux Mondes*, 1999.

_____. Paria: une métaphore de l'exclusion des femmes, *Sources*, n.12, 1987.

_____. *Penser le sexe et le genre*. Paris: Presses Universitaires de France, 2006.

_____. Sentiment national, genre et ethnicité. *Tumultes*, v.11, 1998.

_____. The Antinomies of Emancipation: the Double Dynamics of Universalism during the French Revolution. *Literature and History*, 1993.

_____. Une citoyenneté en tant que femme?, *Nouvelles Questions Féministes*, n.2, 1995.

_____. Why Was I Born with a Different Face? Corps physique et corps politique pendant la révolution française. *Cahiers du GEDISST*, v.6, 1992.

VERBA, S.; AHMED, B.; BHATT, A. H. *Caste, Race, and Politics:* a Comparative Study of India and the United States. Beverley Hills: Sage Publications, 1971.

VIDAL-NAQUET, P. *Essai sur les moeurs et l'esprit des nations et sur les principaux faits de l'histoire depuis Charlemagne jusqu'à Louis XIII*. Paris: Garnier, 1990.

_____. *Les assassins de la mémoire*: un eichmann de papier et autres essais sur le révisionnisme. Paris: La Découverte, 1987.

VOLTAIRE. *Essai sur les moeurs*. 1756.

WEBER, M. *Hindouisme et bouddhisme*. Paris: Flammarion, 2003.

WEBER, M. et al. *Économie et société*. Paris: Plon, 1971. [Ed. Bras.: *Economia e sociedade*. 3.ed. Brasília: UnB, 1994.]

WEIL, S. *La Condition ouvrière*. Paris: Gallimard, 1951.

WELTER, B. The Feminisation of American Religion. In: HARTMAN, M. S.; BANNER, L. (Dirs.). Berkshire Conference of Women Historians.

Clio's Consciousness Raised: New Perspectives on the History of Women. New York: Harper & Row, 1974.

WHEATLEY, P. *Poems on Various Subjects, Religious and Moral.* London: A. Bell, 1773.

WILCOX, K. The Body into Print: Marketing Phillis Wheatley. *American Literature,* v.71, n.1, p.1-29, 1999.

WILHELM. The German Response to Indian Culture. *Journal of the American Orient Society,* v.81, n.4, 1961.

WOLLSTONECRAFT, M. *The Vindications:* the Rights of Men and the Rights of Woman. MacDONALD, D. L.; SCHERF, K. (Eds.). Ontario: Broadview Press, 1997.

_____. Vindications of the Rights of Men (1790). In: TODD, J.; BUTLER, M. (Orgs.). *The Works of Mary Wollstonecraft.* Londres: William Pickering, 1989.

WOOLF, V. *Trois guinées.* Paris: Des femmes, 1977. [Ed. Port.: *Os três guinéus.* Lisboa: Vega, 1978.]

_____. *Une chambre à soi.* Paris: 10-18, 1996. [Ed. Port.: *Um quarto que seja seu.* Lisboa: Vega, 1996.]

YERUSHALMI, Y. H. *Sefardica:* essais sur l'histoire des juifs, des marranes & des nouveaux-chrétiens d'origine hispano-portugaise. Paris: Chandeigne, 1998.

YULE, H. *Hobson-Jobson:* a Glossary of Colloquial Anglo-Indian Words and Phrases, and of Kindred Terms, Etymological, Historical, Geographical, and Discursive. CROOKE, W. (Ed.). London: J. Murray, 1903.

ZIEGENBALG, B. An Account of the Religion, Manners, and Learning of the People of Malabar in the East-Indies. In: PHILLIPS, Mr. *Several Letters Written by Some of the Most Learned Men of that Country to the Danish Missionaries.* London: W. Mears/J. Brown, 1717.

Índice onomástico

Adorno, Theodor W., 151
Aï Quoc, Nguyen, 66
Arendt, Hannah, 71, 89-90, 95-6, 100, 102, 110, 118-9, 124, 126, 146, 154-5, 158
Aristóteles, 25, 57, 129
Auclert, Hubertine, 140

Baldaeus, Philip, 12
Baldwin, James, 130-2
Barbosa, Duarte, 8
Bauman, Zygmunt, 88, 117, 125, 155
Beauvau, marechal de, 39, 41, 43
Beauveu, madame de, 41, 43
Beer, Michael, 31-3
Behn, Aphra, 42
Benbassa, Esther, 78
Benga, Ota, 65
Benjamin, Walter, 155
Bernardin de Saint-Pierre, Jacques--Henri, 10, 13, 25-7, 34, 62, 69-70
Béteille, André, 92

Blake, William, 30, 33, 35, 37-8, 46, 56, 145
Bonaparte, Napoleão, 32, 44, 65
Borel, Petrus, 62
Börne, Ludwig, 88
Bouglé, Célestin, 85
Boulainviliers, Henri de, 21
Bowdoin, James, 2
Broecke, Pieter Van de, 11
Brontë, Charlotte, 48, 54
Burke, Edmund, 13, 18, 27, 36, 100
Byles, Mather, 2

Césaire, Aimé, 46
Chaplin, Charles, 155
Chateaubriand, René, 45
Chatterjee, Partha, 94
Cloots, Anacharsis, 24
Condé, Maryse, 46
Considérant, Victor, 53
Cooper, Samuel, 2

176 ELENI VARIKAS

Davis, Angela, 131
Delany, Martin, 63
Delavigne, Casimir, 23, 28-31, 46
Démar, Claire, 59-60, 144
Deroin, Jeanne, 113, 133, 145
Derrida, Jacques, 74
Diderot, Denis, 14-5, 107
Dirks, Nicholas, 19, 93
Dohm, Christian Wilhelm, 103
Dreyfus, Alfred, 51, 65, 79, 108, 120, 124
Du Bois, William Edward Burghardt, 46, 65, 81, 120-3, 128, 130, 133, 138, 143, 145, 155, 157
Dubois, J. A., abade, 11, 21
Ducat, Jean, 49
Duchet, Michèle, 14
Dumont, Louis, 12, 85-7, 91, 93-4
Duras, Claire de, 40, 42-3, 45
Duras, madame de, 41
Durkheim, Émile, 57

Eliot, George, 122
Ellison, Ralph, 67, 104, 129, 131
Engels, Friedrich, 51, 91
Equiano, Olaudah, 145

Fanon, Frantz, 40, 43, 127, 157
Farrakhan, Louis, 127
Ford, Henry, 109
Fourier, Charles, 53-4
Franklin, Benjamin, 4
Frederico Guilherme I, 103

Gama, Vasco da, 29
Gandhi, Mahatma, 142

Garvey, Marcus, 4
Gates Jr, Henry Louis, 3, 5
Gilroy, Paul, 145
Ginzburg, Erzel, barão, 124-5
Godwin, William, 35
Goethe, Johann Wolfgang von, 17, 31-2, 45, 119, 122
Gouges, Olympe de, 115, 137
Goytisolo, Juan, 83
Grégoire, Henri, abade, 44, 70, 105-6
Grotius, dito Hugo de Groot, 110
Guyomar, Pierre, 102

Hall, Stuart, 155
Hardwicke, Philippe York, conde de, 48
Hegel, Georg Wilhelm Friedrich, 3, 84-5, 113
Heine, Heinrich, 28, 31-2, 124
Henderson, George W., 105
Henrique II, 101
Herder, Johann Gottfried von, 31, 87
Hobson-Jobson, 7, 28
hooks, bell, 134, 144, 147
Horkheimer, Max, 151
Hourwitz, Zalkind, 24, 89, 99, 156
Humboldt, Alexander von, 31, 45, 118
Hutchinson, Thomas, 2

James, C. R. L., 145
Jean, Stanislas, 39
Jefferson, Thomas, 3-4
Jones, William, 18

Kaváfis, Konstantínos, 155
Kazan, Elia, 132

A ESCÓRIA DO MUNDO **177**

King, Martin Luther, 66, 141
Kipling, Rudyard, 17
Klein, Viola, 155, 157

Lazare, Bernard, 51, 65, 79, 105, 120, 122, 125, 158
Le Bon, Gustave, 108
Liebenfels, Joerg Lanz von, 58
Lombroso, Cesare, 108
Luxemburgo, Rosa, 124-5, 147

Mann, Thomas, 32
Manouchian, Missak, 146
Marbois, marquês de, 3
Marx, Karl Heinrich, 91, 124-6
Mathias, Thomas, 36
Mayer, Hans, 140, 147, 155
Mill, John Stuart, 63
Millet, Kate, 85
Milton, John, 4
Montesquieu, Charles Louis de Secondat, 20
More, Hannah, 36
Morgan, Edmund S., 119
Morrisson, Toni, 155

Nickol, Robert, 3
Nietzsche, Friedrich, 17, 58, 64, 90, 125, 134-5, 137, 140, 149-52
Nigam, Aditya, 94

Oliver, Andrew, 2

Parks, Rosa, 156
Pelletier, Martin, 72
Phillips, J., 12

Plath, Sylvia, 72
Ploetz, Alfred, 80-2
Plutarco, 125
Polwhele, Richard, 34
Pope, Alexander, 4
Priena, Míron de, 49
Proudhon, Pierre Joseph, 53
Purchas, Samuel, 11
Pushkin, Alexandre, 45

Rahmani, Zahia, 84, 111, 157-8
Rancière, Jacques, 47
Raphaël, Freddy, 77
Raynal, Guillaume de, abade, 13-5, 22, 25, 69
Renan, Ernest, 108
Ricoeur, Paul, 73
Rousseau, Jean-Jacques, 14
Roy, Arundhati, 66
Ruskin, John, 63

Sackville-West, Vita, 60
Said, Edward, 155
Sainte-Beuve, Charles Augustin, 40
Sand, George, 47, 62, 125
Shelley, Mary, 59
Simmel, Georg, 84
Sonnerat, Pierre, 10, 13, 31
Staël, Germaine de (ou Madame de), 28, 39, 124-5
Stendhal, Henri Beyle, dito, 30
Stonequist, Everett, 84
Stowe, Beecher, 63
Stowe, Harriet Beecher, 62
Strindberg, August, 58

Tarabotti, Arcangela, 55
Tocqueville, Alexis de, 118, 156
Treitschke, Leopold von, 130
Tristan, Flora, 38, 47, 51-6, 61, 70, 72, 74, 80, 89, 101, 113, 116, 145
Tucídides, 49

Vaillant, J. A., 65
Voltaire, François Marie Arouet, dito, 4, 13, 26

Washington, Booker W., 122
Washington, George, 4
Weber, Max, 33, 69, 71, 76-7, 79-84, 136, 139, 144-5
Weil, Simone, 74, 92
Wells-Bamett, Ida, 156
Wheatley, Phillis, 1-6, 145-6
Wollstonecraft, Mary, 13, 24, 34-6, 38-9, 47, 99
Woolf, Virginia, 60, 128, 155

SOBRE O LIVRO

Formato: 14 x 21 cm
Mancha: 23,7 x 42,5 paicas
Tipologia: Horley Old Style 10,5/14
Papel: Offset 75 g/m² (miolo)
Cartão Supremo 250 g/m² (capa)
1ª edição: 2014

EQUIPE DE REALIZAÇÃO

Capa
Estúdio Bogari

Edição de texto
Ana Maria Fiorini (Copidesque)
Geisa Mathias de Oliveira (Revisão)

Editoração eletrônica
Sergio Gzeschnik (Diagramação)

Assistência editorial
Alberto Bononi

Impressão e Acabamento

FARBE DRUCK
gráfica e editora ltda.